構築された仏教思想
道元——仏であるがゆえに坐す

石井清純

はじめに

仏教は釈迦牟尼仏世尊（釈尊）に始まる。その目指すところは、生きる上で避けて通ることのできない「苦」の克服であった。この「苦」とは、生・老・病・死に代表される、生きとし生けるものが避けて通ることのできない、そして、けっして自らの意志で操作することのできない事象を指す。

この、思いのままにならぬ現実といかに向き合い克服してゆくか、思い悩んだ末に釈尊（ゴータマ・シッダッタ）が選んだのが出家の道であった。仏伝によれば、北の城門で清浄な沙門を見て出家を決意し、城を出た釈尊は、まずバラモンの瞑想を究めた。だが「苦」からの脱却はできなかった。さらに、前正覚山中の苦行林で行った苦行をもってしてもそれはかなわず、最終的に、ブッダガヤの菩提樹の下における禅定によって正覚（さとり）を得る。

そこで釈尊が体得した正覚とは、「縁起の理法」であったとされる。この世界のすべての事象は単独で存在することなく、すべて関連し合いながら存在するということである。

それゆえ、すべては、他に応じて移ろいゆき、固有の実体を持たぬことになる。これが、「無常」であり、「空」という概念といえよう。

このような考え方を自らの観念と実践の中に具現化する方策が「中道」である。快楽に耽らず、苦行にも落ち込まない「苦楽中道」、存在への執着を持たず、かつそれを否定することもしない「有無中道」がそれである。

この、釈尊の正覚と、それに至る実践から、その後の仏教各派が展開する。その教えの違いは、喩えて言えば、同じ山の頂上を目指す人々が、それぞれに自分に合った勾配の道を選ぶのと同じであろう。力の限り直登する人もいれば、ゆっくりと迂回路を歩く人もいる。あるいは、リフトなどの助けを借りなければならない人もいるであろう。なるべく多くの人が目的を達成できるように多様な方法が模索され、確立されてきた。その展開の歴史が、仏教の歴史といえよう。

中国において、菩提達磨によって興された「禅」は、坐禅という実践を中心とすることから考えれば、いわば直登型に近い。釈尊の正覚に至る最後の修行（菩提樹の下における禅定）を重視し、その修行を専らとすることによって釈尊と同じ境地を認知しようとするものであった。そしてその正覚を、世界の全事象が現に体現しているとする、現実肯定の教えのもとに歩みを進めようとするのが禅なのである。

道元は、自らを「禅宗」と称することはなかったが、釈尊から正しく伝わった教え、「正伝の仏法」の意識の下に、「仏としての実践」を積極的に行ってゆく宗旨を打ち立てた。

この評価が、当時の仏教界に広まっていたことは、無住道暁《むじゅうどうぎょう》（一二二六―一三一二）の『雑談集《ぞうたんしゅう》』において「一向の禅院の儀式、時至って仏法房の上人、深草にて大唐の如く広牀の坐禅始めて行ず、其の時は坐禅めつらしきことにて、信ある俗等拝し貴かりけり。其の時の僧かたり侍りし」という評価からも判る。

このように見ると、道元は、「中国禅を忠実に伝えた祖師」という一面が強く感じられる。しかしじつは、道元の禅は、中国禅そのままのコピーではなかった。その教えは、むしろ坐禅を中心とした「只管打坐」によって、中国禅の内包していた問題点を克服したものだったのである。

本書では、禅の基本思想を確認した上で、道元が、そのどの部分を継承し、どの部分を改変することによって、独自の禅風を確立していったのか、そのような継承と改革という観点から、道元の教えについて解説してゆくこととしたい。

目次

はじめに……2

序　章　禅の基礎知識……11
1　禅の基本思想
2　道元禅の特徴

第一章　道元の略伝……25
1　出生
2　出家から禅との出会いへ
3　入宋、歴遊の旅へ
4　「身心脱落」
5　帰国、『正法眼蔵』の撰述へ
6　永平寺の開創

7　十二巻本『正法眼蔵』撰述、そして示寂

第二章　道元の著作……41
1　道元の著作について
2　『正法眼蔵』
3　『永平広録』
4　『永平元禅師語録（略録）』
5　『学道用心集』
6　『永平清規』
7　『宝慶記』
8　『普勧坐禅儀』・『弁道話』
9　『正法眼蔵随聞記』

第三章　初心の仏道……61
1　「吾我」の否定
2　「名聞利養を求めること」の否定
3　無常を観じる

4　正師につく
5　只管打坐へ

第四章　修行と坐禅……85
1　禅の伝統的修行観と道元
2　なぜ「坐禅」なのか
3　「正伝」について
4　中国禅と道元禅の連続面と非連続面――「磨塼作鏡」と「非思量」の話

第五章　歩むべき道の確信……111
1　「身心脱落」
2　只管打坐――〝ただ〟やるということ
3　Journey is the reward.――スティーブ・ジョブズと禅
4　「現成公案」と道元の「悟り」
5　現成公案の意味
6　「現成公案」巻における悟りの定義
7　不完全であることの認識――「修証」ということ

第六章　永平寺の運営……141
1　道元の出家主義
2　永平寺教団の運営形態について
3　俗弟子・在家信者と永平寺
4　中国五山・顕密仏教と永平寺
5　むすび
終　章　道元禅の読み方……165
1　『正法眼蔵』「家常」巻
2　百丈の意図
3　如浄の立場
4　道元の主張
5　むすびにかえて
おわりに……175
道元事蹟一覧（帰国以降）……178
参考文献……180

装幀＝大竹左紀斗

序章

禅の基礎知識

釈尊は、数々の修行を行い、最終的に正覚を得て仏陀（目覚めた人）となった。禅の教えでは、この釈尊の正覚によって、世界のあらゆる事象が「仏」として働き出したとする。

この教えを最も端的に示す言葉が、十二世紀、中国宋代に編まれた禅の燈史、『建中靖国続燈録』巻三にある。釈尊が、菩提樹下における七日七晩の禅定の後、八日目の明星を見て発言した、「私と世界全体の生きとし生けるものが成道した（我と大地の有情と同時に成道せり）」という言葉である。すなわち、釈尊は自らの成道によって、「この世界は、すべて仏としてある」と宣言したというのである。これに立脚して、世界全体が仏として働いていると、肯定的に捉えるのが、禅の思想的基盤となっている。

この「仏としてのあり方」を、まず、自分自身のあり方として捉え、それを表現しようというのが、禅の実践ということになる。その実践の中心として採用されるのが、釈尊が成道した瞬間に行っていた菩提樹下における禅定である。

つまり、禅とは、「仏として」の自己のあり方を、釈尊が成道の瞬間に行っていた修行形態を踏襲しつつ認識し、表現してゆくものということになる。

道元も、この伝統的な禅の考え方を基本に置きながら、その思想が本質的に持つ欠点や、その後の展開の中で発生してきた問題点を是正することによって独自の禅風を確立した。それを本書では「道元禅」と表現することにしたい。

道元禅を理解するために、まず禅の基本思想を特徴的に示す言葉を紹介しながら解説してみることにしたい。

1　禅の基本思想

①即心是仏

禅は、「世界全体が本来的に正常である」という概念を基本としているが、それは、究極的に自己に集約されてゆく。それが禅の特色の一つといえる。その基本となった言葉が、この「即心是仏（即心即仏）」である。中国唐代の馬祖道一（七〇九―七八八）の言葉で、意味は、「（私たちの）ありのままの心がそのまま仏である」というもの。つまり、日常の思いやそれに基づく行動のすべてが、そのままに仏の現れだというのである。

②直指人心見性成仏・本来の面目を見る

臨済宗では、「直指人心見性成仏」と表現する。指導者が、修行者たちの心が「仏」であること、つまり「即心是仏」という事実をズバリと指し示し、それによって、自己の本性が仏であることを認識するという意味である。つまりこの「成仏」は、いまの自分が、別の「仏」という存在に変わることではなく、「仏」としての本当の自分に気づくことなのである。この気づきの達成が、いわゆる「悟り」ということになる。

この、自己の本来性の確認を、曹洞宗では、「本来の面目を見る（自分の本当の顔を見る）」と表現する。自分自身の「顔」を明確に把握すること、たとえば表面的把握であれば簡単そうだが、じつはそれすら自分ひとりでは不可能である。自分の顔を見ようとすれば、たとえば鏡などの光を反射するものに自分を投影させ、そこに映し出される影像によって把握するしかない。さらに、本質的全体像となれば、より困難であることは言うまでもない。だからこそ、そこに厳しく自己を律する気持ちと、それに伴う実践が必要となるのである。

③不立文字・教外別伝

禅では、特定の経典に依拠しない。それが「不立文字（文字で表現しない）」・「教外別伝（〔特定の〕教理とは別に伝授される）」という言葉で表現される。これは、すでに見たように、禅の教えは、人々がそれぞれに持つ「心」を中心に展開する。それゆえ、最終的な完成形（悟り）は、個人個人の認識に委ねられ、定型的な文章表現によって一般化しないものとなるのである。

かといって、文字や言句を全否定するものではない。数々の禅僧の語録をはじめ、禅僧の教えが伝授された様子を伝える燈史など、多くの文字による記録が遺されている。教えの伝授には、何らかの「表現」が必要だからである。しかしそれを絶対視することはない。文字言句は必要であるが、それはあくまでも「月をさす指」だというのが、禅の考え方である。

つまり、文字や言句は、「悟り」という月のある場所を示す指標であって、「悟りそのもの」とはなりえないというのである。

④以心伝心

文字や言句を指標にしかすぎないとしながらも、仏法は、釈尊からいまに伝わっている。それは、言葉で表現しえない真の教えが、師匠の心から弟子の心へと伝わってきたからだとする。それが以心伝心である。それゆえ禅では、経典などではなく、この、師の心から弟子の心へと伝わった証としての系譜を重視する。それは、あたかも、ともしびを次のともしびに移すように伝授されてきていることから、「伝燈」と表現され、釈尊から〈いま〉に続く系図として遺されている。

また、教えが正しく伝わったことについて、具体的に証明するものとして、袈裟や「伝法偈」と呼ばれる漢詩の授与が行われる場合もある。ただし、真の仏法は、言葉や事物を介在させることなく、心から心に伝わるものであるとするのが基本である。

⑤日常生活の重視

禅の特徴として、僧侶の日常的な活動を、積極的に修行として認定していることが挙げられる。つまり、寝ることや食べること、その他すべて、人が生活してゆく上で必要とされる所作を、仏道修行と認定するのである。

それゆえ、禅の修行道場においては、生活全体にわたる修道軌範が制定された。それが「清規《しんぎ》」と呼ばれるものである。

その中には、修行僧が、畑仕事や山仕事に従事する際の規程も盛り込まれている。僧侶は、自ら畑を耕し、建物の営繕を行いながら、修行道場を維持運営するというのが、最も原初的な禅の修行道場の形態であった。

じつは、インド伝来の戒律では、僧侶が生産活動を行うことを禁止している。つまり、みなで修行道場を維持運営するための作業を行うことは、仏教の伝統から見ると、この生産活動を禁止する戒律に反するものであり、大きな改革運動だったのである。

禅の修行観は、このような特色を持っているが、さらにそれを、指導する僧から入門したての初心者まで、すべての僧侶が平等に行うという原則を持っていることも特筆すべき点といえよう。

この禅林清規を最初に制定したとされる百丈懐海《ひゃくじょうえかい》（七四九―八一四）は、住職であったときに、自らが作業に参加できなかった日に、一切食事を取らなかったという。これは「一日不作、一日不食（一日作業をしなければ、一日食べない）」の教えとして伝わっているが、この故事に則り、禅の修行道場では、役職者から初学者に至るまで、全員で耕作や営繕などの作業を、〝修行として〟行うのである。このように、修行者すべてに作業を依頼することを「普請《ふしん》（普《あまね》く請う）」といい、その作業を「作務《さむ》」という。この「普請・作務」の教えは、禅の修行観にあって極めて重要な教えであるといえる。

じつに、道元が中国に留学して最初に学んだ教えが、この修行観であった。これについては後に章を改めてお話しすることにしたい。

以上のような、思想、実践に関する特色を打ち出した禅は、唐代には、現在の江西省や湖南省を中心に大きく展開した。宋代には、政府が五山制度を布《し》いて禅宗寺院を公認したこともあって、中国全土へと広まったのである。その後、北方の元が南方に進出したことによって、戦禍を逃れるために多くの中国僧が日本に渡来、武家政権に積極的に取り入れられつつ展開し、いまに至るのである。

このような禅の思想的特徴は、人々を極めてポジティブで、積極的な生き方へと導く方向性だけを有するものであった。しかし、それは同時に、極端にすべてを肯定することで、「仏であるから、何もしなくて良い」という考え方（平常無事）に繋がる危険性も存在していた。事実そのような方向性が生じたこともあり、禅思想の無条件な受容には、中国においても疑問の声が上がったのである。

その是正に向けての動きで最も顕著な例は、宋代の大慧《だいえ》宗杲《そうこう》（一〇八九－一一六三）が興した「看話《かんな》禅《ぜん》」である。この禅は、「人は本質的に仏である」と言っても、現実の自己は迷っており、公案による「悟り体験」が必要であるとしたものであった。これは、無条件に「何もしなくて良い」とする考え方を打破するには極めて有効であり、在家居士にも受け入れられ、日本にも伝来した。日本の臨済各派の禅は、この大慧の看話禅を基盤とし、江戸時代の白隠慧鶴（一六八五―一七六八）によって大成されたものなのである。

道元も、修行に対する積極性を失った禅には極めて批判的であった。しかし、大慧の禅を受け入れることなく、「人は本来仏である」という前提はそのままに、だからこそ積極的に修行しなければならないという、新たな方向性を見出したのである。

2　道元禅の特徴

道元は、中国において天童如浄《てんどうにょじょう》（一一六二―一二二七）の法を嗣ぎ、法の上で直系ではないながらも同じ系統に属する宏智正覚《わんししょうがく》（一〇九一―一一五七）の禅風の影響を大きく受けつつ、その宗風を確立した。系譜的には、曹洞宗の流れに属するが、ただ、中国曹洞宗の教えを無批判にそのまま踏襲することはなく、宏智やその兄弟弟子の眞歇清了《しんけつせいりょう》（一〇八八―一一五一）の標榜した黙照禅《もくしょうぜん》の欠点を是正する形で、独自の禅風を確立している。

それはすなわち伝統的な、完成態としての自己把握は積極的に認めながら、そこに実践修行の必要性を上乗せしてゆくものであった。一般には、「自己はもとから仏である」という前提に立てば、「仏であるから修行はいらない」ということになる。しかし、道元は、逆に、「仏であるからこそ修行しなければならない」と主張する。それによって実践修行の必要性を主張するのである。むろん、この主張の説明には、かなり複雑な論理を必要とする。だからこそ、道元は、仮名『正法眼蔵《しょうぼうげんぞう》』をはじめ、多くの言葉を費やしてその思いを表現し続けたといえよう。

いまここでは、その入り口を紹介する意味から、道元の挙揚《こよう》した禅風の基本的な概念とそれを示す代表的な言葉を、三点示しておくことにしよう。

①身心脱落・修証一等

道元は、自らの修行によって獲得したものを、「悟り」ではなく「身心脱落《しんじんだつらく》」と表現した。この言葉は、一般に言う「悟り」と極めて近い状態を示している。しかし、あえて「悟り」という語を避けたのは、悟った状態を確固たるものと勘違いし、そこに安住してしまう弊害を未然に防ぐ意味があったものと思われる。「悟った」という体験を嫌う宗風は、宏智正覚の禅風を受け継いでいる。そしてさらに、話頭（問答）を用いた悟り体験を重視する、大慧宗杲の看話禅を否定するものでもあった。その意味から、道元は、先に禅の特徴的な概念として示した「見性《けんしょう》」という言葉を使うことも嫌っている。

この「身心脱落」とは、瞬間的な体験ではなく、むしろ、自己が仏であることを認識しつつ修行を実践することそのものだというのである。つまり、修行しているという事実が存在することによって、自分が仏であるというもとから持っている属性が働く、仏である自己を認識し続けることができるというのである。このように、修行していること自体を仏である状態の維持と考えるゆえ、「修」と「証《さとり》」とが一体となる。それが、「修証一等《しゅしょういっとう》」である。

道元は、これによって、自分自身が本来的に仏であることを前提としながら、そこに積極的な修行の必要性を位置づけることを可能にしたのである。

これを喩えで表現すると、まず、唐代禅の「悟り」は、「家具の揃った部屋の灯りを点《つ》けること」となるであろう。つまり、完成された自己とは、すでに人が暮らすのに充分な家具の揃った部屋のようなもの、ただし灯りが点いていなければ真っ暗で使えない。そこに「気づき」という灯りを点けてあげれば、すぐさま部屋（仏）として機能するということになる。

しかし、これでは、灯りが点いた後の修行の継続性は見えてこない。道元禅では、そこを少し変えて、その部屋の灯りが、回し続けなければ消えてしまうダイナモライト（ダイナモ=発電機を回して起こした電気で点灯させたライト。自転車のライトなど）だったということにするのである。つまり、ひとたび灯りが点いて「仏であること」を認識して（悟って）も、その「灯り（悟り）」は、ダイナモを回すという「修行」を継続しなければ消えてしまう、自分が仏であるという状態を維持し続けるためには、ダイナモを回すという、「継続的実践」が必要不可欠であり、その永続的実践こそが自己実現、すなわち「悟り」であるとする、それが道元禅なのである。

②只管打坐

ダイナモを回し続けるという継続的実践は、道元においては、「只管打坐《しかんたざ》（ただ坐る）」に集約される。

「只管」は、「ただ」という意の副詞で、この言葉自体にはプラスの意味もマイナスの意味もない。「打坐」は、「坐る」ということ。「打」は、坐るという動作が具体的に進行しているることを示している。つまり「只管打坐」といえば、要するに「ただ」坐る、ということになる。しかし、道元にとっての「ただ坐る」とは、仏となることを求めるものではなく、仏としての営みを続けてゆくものとなる。これは、坐禅という修行の持続によって迷いを克服し、その成果として、悟りを開き仏となる、という伝統的な坐禅観を反転させたものに他ならない。仏として自分が選び取った実践を、「ただ」継続することが大切なのである。それゆえ道元は坐禅に公案を持ち込むことを強く否定し、修行の目的として「無」を追求することもないのである。

これは、日常生活全体を仏道修行として認定していたにもかかわらず、時代を経て、それによって本当の自分を探り出そうとする真摯な姿勢を失い、日常全体を漫然と送ることを容認する傾向に堕してしまった中国宋代の禅への反措定（アンチテーゼ）でもあった。もちろん、道元は、坐禅のみならず、叢林生活全体にわたってのすべての作業を、大切な修行と認定する。しかし、その根底に「打坐」を揺るぎない存在とするのは、安易に現実の自己をすべて肯定的に捉え、それゆえに「何をしてもよい」、あるいは「何もしなくてよい」と、すべてを容認してしまうことによって、仏としての自己を日常のすべての実践によって表現するという、その本質的な意味が蔑《ないがし》ろにされてしまうことを嫌ったからに他ならない。自らのあり方を模索し表現することに常に真摯でなければならない。「只管打坐」は、そのような主張をも兼ね備えた言葉ということにもなるであろう。

③集団での修行

さらにこの「只管打坐」は、独りではなく、必ず志を同じくする修行仲間とともに行われなければならないとする。これも、「悟り体験」の否定と同じく、坐禅による「独りよがり」を嫌うことによる。道元は、この「独りよがり」の状態を「鬼魅魍魎に侵さるる（悪魔やもののけに侵される）」（『永平広録』第四三八上堂）と表現しているが、この魔物とは、まさに慢心によって自らを見誤ることに他ならない。修行はまさに「只管（ただ）」行うものである、という前提に立てば、人のできない何かを行っているとか、それゆえ自分が他人より優れているというような、優越感や、無意味な達成感は存在してはならないものなのである。

道元は、それを防ぐために、志を同じくする仲間とともに修行せよと主張する。そしてさらに、修行している自己自身を正しく判断してくれる「正師《しょうし》」を見つけ、指導を仰ぐことも大切な条件としているのである。この考え方は、叢林における修行形態として、現在も受け継がれている。曹洞宗では、坐禅は必ず僧堂で、かつ集団で行われている。

個人個人の「仏としてのあり方」を尊重する禅にあって、これは一見相容れない要素にも見える。しかし、独りよがりを徹底的に嫌うのも禅の伝統である。むろん、自己表現はそれぞれの個々のパーソナリティーによることは前提となろう。しかし、そこにあって、方向性を誤らないために、常に自らを省みるだけでなく、さらに師と友と、ともに修行をするのが、道元の教えの特徴の一つとなっている。

以上が、禅の基本思想と、それに対する道元の思想的特徴の、極めて大まかな解説である。ここである程度の基本的なイメージを持っていただき、続く各章で、道元の生涯、著述を俯瞰しながら、その教えの深奥へと進んでゆくこととしたい。

第一章

道元の略伝

道元の思想について解説するに先立ち、道元独自の禅風（道元禅）成立の背景として、道元の生涯を駆け足でみてゆくことにしたい。

1　出生

出生と出自

道元は、正治二年（一二〇〇）にこの世に生を受けた。源平両氏の争いから、ようやく安定を見せ始めたかに見えた社会に、再び動揺の兆が現れ始めた頃のことであった。

生誕の月日は、古い資料には記されていない。唯一、江戸時代に面山瑞方《めんざんずいほう》（一六八三―一七六九）によって修訂された『訂補建撕記《けんぜいき》』（原本の『建撕記』は建撕（一四一五―一四七四）が著した道元の伝記）に正月二日の記述が見え、この説が採用されている。現在、曹洞宗では、それを陽暦に直した一月二十六日に降誕を祝した法要が行われている。

出自は、村上源氏とされる。これは、道元自身が永平寺において、二度にわたる「育父である源亜相（久我通具《こがみちとも》）」の供養のために上堂（修行道場における説法）を行っていることから、ほぼ確実である。具体的な両親の名は分かっていないが、従来は、内大臣となった久我通親《みちちか》を実父としていたが、現在では、通親の子の久我通具を実父とする説が主流となっている。

母は、松殿基房《まつどのもとふさ》に縁の深い人物であった可能性が高いとされているが、こちらも定かではない。しかし道元は、亡き母のためにも上堂を行っているうえ、出家の動機も、母の死が大きく影響しているとされ、道元の生涯に大きな影響を与えていることは確実である。

2　出家から禅との出会いへ

比叡山での出家修行

十三歳となった道元は、出家を志して比叡山へと向かった。そして翌年、剃髪して正式な僧となる。長円寺本『正法眼蔵随聞記』巻五（流布本巻四）の記録によれば、出家の動機は、「世の無常を観じたこと」であったという。そして比叡山において仏典を読破していったのであるが、仏道修行が世俗的な名声を求めるものとなっており、純粋な参学の場とはなりえない状態だったため、比叡山を下りることを決意したという。

仏道修行にあたって、道元は、それを「名聞利養《みょうもんりよう》（名声と利益）」のために行うことを嫌う。これは、世俗制度がそのまま僧侶の階級に繋がっていた、当時の仏教界の状況によって作り上げられた可能性が極めて高い。

さらに、『建撕記』によれば、天台本覚法門の教えが、積極的に仏道修行の動機づけとならないものであったことも、比叡山への失望に繋がったとされる。それゆえ、道元は、中国より実践的な教えを伝えた建仁寺へと向かうことになったというのである。

建仁寺で禅を学ぶ

比叡山を下りた道元は、十八歳となった建保五年（一二一七）の秋、建仁寺の明全《みょうぜん》和尚の下に身を投じたのである。

この明全がどのような人物であったのかは、ほとんど記録として残されていない。しかし道元にとっては、明全に師事することによって、初めて、求めていた実践的な教えを直接見聞することができたのである。近年の研究によれば、当時の建仁寺は、天台教学と、密教および禅の融合的な宗風を有していたことが分かってきているが、道元にとっては、その中の「禅」に触れ、「仏道修行の必要性」を確認できたことが、後の道元禅の成立に大きく影響していると考えて良いであろう。

3　入宋、歴遊の旅へ

入宋と老典座との出会い

天台・密教・禅の兼修道場的性格を持っていた建仁寺に学びながら、道元は、禅の教えに傾倒し、中国に渡ってそれを肌身で学ぼうと思い立つ。そして、諸準備を調えた貞応二年（一二二三）三月、明全の侍者として九州博多より大陸へと出帆したのであった。

道元の乗った貿易船は、一ヶ月後に中国慶元府（寧波）の港に着いたが、道元は三ヶ月間、上陸を認められなかった。それは道元が、当時の中国において、正式な僧として認められる基準である具足戒を受けていなかったからだとされている。

ただ、足止めされていたこの三ヶ月は、道元にとってけっして無駄ではなかった。阿育王《あいくおう》山《ざん》から来た年老いた典座《てんぞ》（修行道場の料理長）との貴重な出会いがあった。その老典座は、道元に、坐禅を組み、語録や経典の勉強をすることだけが仏道修行ではなく、日々の炊事や掃除などの中にもそれがあることを、自らの典座という役職に徹する姿をもって示したのであった。

この老典座の「仏道修行」の捉え方は、道元に鮮烈な印象を与えた。それゆえ、この体験は、天童山における年老いた典座との会話とともに、道元禅の根幹の一つを示す逸話として、『典座教訓』に詳細に記録されることになるのである。

諸山歴遊

さて、ようやく入国許可の下りた道元は、明全の後を追って天童山に上ることになった。道元が掛搭したときの天童山の住持は、臨済宗大慧派の無際了派《むさいりょうは》（一一四九―一二二四）だった。道元は、この天童山で夏安居を過ごしたのち、諸山歴参の旅に出る。

この遍歴が、どのような順路で行われたのか、『正法眼蔵』「仏性《ぶっしょう》」巻などによれば、このとき道元は五山を巡拝していたことが分かるが、それも断片的で、全体像は明らかとなっていない。しかし、その目的は、中国の本場の禅を見聞すること、そして、仏法の正統な継承者の証明である嗣書《ししょ》を閲覧し、また自らの師となる人物を探し出すためのものであったと考えて問題ないであろう。

しかし、この諸山歴遊では、道元は正師に巡り合うことはできなかった。それは、当時の中国の禅が、五山十刹制度として、完全に政府の管理の下に置かれ、活性を失っていたことが挙げられる。また、当時、大慧宗杲の看話禅が大きく流行していたことも、要因の一つといえよう。それはすでに触れたとおり、伝統的な禅の「本質的に仏としてある」という自己把握を覆し、「迷っている自己」を、看話によって悟らせるというものであった。もちろんそれは、当時、実践的活力を失っていた禅の活性化を促すものではあった。しかし道元は、それとは違う方向性を指向し、問題点の解決を図ろうとしたのである。

4 「身心脱落」

如浄との出会い

当時の中国の禅の状況に落胆した道元は、帰国までも考えたという。しかし、如浄が天童山の住持となったことを聞き、宝慶元年（一二二五）五月、再び天童山へ戻り、如浄と相見した。

この如浄は、道元の著述を見る限り、峻烈な学人接化を行う、復古的宗風を標榜した孤高の人であった。それが、道元の心を惹き付けたのであろう。そして何より道元が感服したのは、如浄の会下では「宵は二更の三点（日没後約四時間）まで坐禅し、暁は四更の二点三点（日の出三時間から三時間半前）よりおきて坐禅す」（長円寺本『正法眼蔵随聞記』巻三、流布本巻二）という厳しい修行生活が、実際に営まれていたことであったと思われる。

しかし、如浄の実際の宗風は、道元の記録とは少し違っていたようである。如浄の伝記資料や、中国の弟子たちが編集した『如浄録』では、如浄は、五山の住持となるための、世間的な実力を備え、さらに、看話禅の修行方法にも理解ある人物であったことが示されているのである。

このような人物であることが解明されてはいるものの、道元の見た如浄は、坐禅を中心とした修行を行う人であった。道元はその下で参学することにより、初めて実践のなんたるかを体験したと思われる。

身心脱落

この如浄の下における弁道で、道元はほどなく、自身の生涯で最大ともいえる転機を迎えることになる。それが身心脱落であった。

『宝慶記《ほうきょうき》』によると、如浄は、身心脱落を「身心脱落は坐禅である。ひたすら打坐するとき、五欲を離れ、五蓋《がい》を除く」と定義したという。つまるところ、身心脱落とは、坐禅という具体的実践そのものに他ならない。

これを受けて道元も、「身心脱落とはひたすら坐禅することなのである」（『永平広録』巻四）と述べる。身心脱落については、章を改めて解説するが、簡潔に言えば、それは修行の到達点、すなわち確固たる目標として存在するものではなく、坐禅という実践こそが釈尊正伝の仏法であるという、一つの確信ということになるであろう。

道元は、如浄の下でその確信を得て、「一生参学の大事」（『弁道話』）に一応のピリオドを打った。

帰国

道元は、安貞元年（一二二七）、帰朝に先立って如浄より念願の嗣書を授与され、名実ともに仏祖の一員となった。これによって道元の心は、「日本に帰って人々を救う」（長円寺本『正法眼蔵随聞記』巻三、流布本巻二）という思いで占められていった。かくして道元は、その年、帰路についたのである。それは、死の床に伏せる如浄の枕辺を蹴っての旅立ちであった。如浄の示寂《じじゃく》（逝去）は、道元が出帆して間もなくの、七月十七日のことであった。

5　帰国、『正法眼蔵』の撰述へ

『普勧坐禅儀』撰述

帰国した道元は、すぐさま、『普勧坐禅儀《ふかんざぜんぎ》』を撰述した。それは「嘉禄年中（一二二五〜一二七）」（『弁道話』）と記録のあることから、まさに帰国直後の著作である。その撰述由来によれば、この書は、禅林の規矩《きく》を確立した百丈懐海の古意を復活すべく、釈尊六年の端坐・達磨九歳の面壁の跡形を慕って、ただ坐禅に努めるべきことを強調したものである。

文体は格調高い四六騈儷体《しろくべんれいたい》（流麗な対句表現を用いた漢詩）で統一されており、道元が帰国直後の第一声として、心血を注いで著されたものであることが知れる。

この書は、その後、再三の修訂を経て、坐禅の行こそが仏としての自己を表現するものであるという道元禅の特色、すなわち只管打坐を強調する現行の流布本へと形作られていった。

深草閑居と『弁道話』の撰述

道元は帰国後、京都に戻り、まず建仁寺へ入り、明全の遺骨を埋葬した。明全は、在宋中に病により亡くなっていたのである。当然、道元はその後もそこに留まって、人々を教化する活動を開始する心積もりだったと思われる。しかし、中国にて純粋な禅を学び、禅林規矩を正式に体得した道元にとって、建仁寺のあり方は満足できるものではなかった。『正法眼蔵随聞記』や『典座教訓』に見られるように建仁寺の退廃ぶりに落胆し、寛喜二年（一二三〇）に、深草の極楽寺の別院安養院に仮住まいの身となったのである。

そこで道元は、『弁道話《べんどうわ》』の撰述に取りかかる。この書は、当時としては極めて異例の、和文をもって書かれているが、坐禅の作法を詳述した『普勧坐禅儀』と対となって、正伝の仏法としての坐禅の意義を説き尽くしている点で、道元の日本における立教開宗の書として位置づけられている。

興聖寺開堂

天福元年（一二三三）、いよいよ道元は、自分自身の活動拠点を持つにいたる。それが、安養院と同じ極楽寺の敷地内に建立された観音導利院興聖宝林寺《かんのんどうりいんこうしょうほうりんじ》（興聖寺）である。道元三十四歳のことであった。ちなみにその所在地は、現在の京都市伏見区深草宝塔寺山町付近であったとされ、現存する宇治の興聖寺（京都府宇治市宇治山田）とは別所である。

興聖寺において道元は、まず帰国直後に撰した『普勧坐禅儀』の浄書を行った。そして八月には、太宰府からはるばる訪れた、俗弟子の楊光秀《ようこうしゅう》に、仮名法語「現成公案《げんじょうこうあん》」を書き与えた。これは後に、六十巻本や七十五巻本『正法眼蔵』の第一巻目に組み込まれるものである。

これを皮切りに、道元の一大思想大系が開演されることになるが、その集中的な執筆に先立ち、嘉禎年間（一二三五〜三八）に、個々の修行者の質問に応じる形で仏法の基本に関する説法を行っている。それを弟子の懐奘が筆録したものが『正法眼蔵随聞記』（六巻）である。

道元が正式な道場を開いた当時は、門下生たちの仏法理解も、またその出身もあまりに多様であった。そのような多様な人々に対応するためにこの『正法眼蔵随聞記』に記録されるような説法が行われたものと解釈されている。そこには当然、仏道に初めて参じる人や初心者への説示が多く見出される。それら初歩の教えについては、後に詳説することにしたい。

仮名『正法眼蔵』撰述と上堂

興聖寺の運営が軌道に乗り始めたところで、道元は、積極的に仮名『正法眼蔵』各巻の撰述・示衆（説法）を開始した。じつに、こののちの四年半で示された『正法眼蔵』は、四十一巻にもおよんでいるのである。また、それと並行して、『永平広録』巻一には、一二〇回を超える上堂が記録されている。この上堂とは、法堂《はっとう》（説法や儀式を行う建物）において行われる、修行道場で最もフォーマルな説法であり、まさしく、この時期が、道元にとって充実した時期であったことがうかがえる。

6　永平寺の開創

入越

道元は興聖寺において、極めて多角的かつ精力的な活動を行った。しかし、寛元元年（一二四三）七月、興聖寺を、弟子の詮慧《せんね》に任せ、越前へと向かったのである。その要因についてはいまも議論が続いているところである。

史伝類はそれを、都に近く、喧騒の絶えない深草の地が、坐禅弁道に不適であるため、外護者の波多野義重《はたのよししげ》の申し出を受けて、その知行地である越前国吉田郡へ移ったとする。

また、道元の内面的要因としては「ただ深い山奥に住んで、仏祖としてのあり方を養いなさい」(『宝慶記』)という如浄の言葉があった。仁治三年(一二四二)八月、『如浄録』が道元の手元に到来しているが、正師と仰ぐ如浄の生前の説示を目の当たりにしたとき、この如浄のいましめが想起されたのではないであろうか。

越前での説法

同年中に越前国吉田郡の志比庄へと到着した道元は、新寺の建立を待ちながら、吉峰寺《きっぽうじ》と禅師峰《やましぶ》において積極的に『正法眼蔵』を執筆する。その数は、約一年間で二十五巻を超えるものであった。

これは、来るべき大仏寺(後の永平寺)の建立を待ちながら、そこに形成する僧団(修行者組織)の基盤を築こうとしていたものと思われる。

これは大仏寺に入る直前の『対大己五夏闍梨法《たいだいこごげじゃりほう》』の撰述によって明白である。この書は伽藍の中での、目上の僧に対する礼儀を記したもので、まさしく、大仏寺入寺の事前準備ともいえる性格を持つものだったのである。

また、この時期の道元の撰述に、出家者を賛嘆する内容が頻出することも注目される。入越以前にも、「行持《ぎょうじ》の至妙は不離叢林なり（仏道修行の継続の最もすばらしいところは修行道場を離れないことである）」（「行持・上」巻）といった説示は見られるのであるが、それが入越後にはさらに鮮明化した。このような少数精鋭主義は、道元が、入越を機に、自己の仏法を世に広く知らしめることよりも、それを維持存続してゆく後継者の育成を意識し始めたためではないかと思われる。

これが、道元の入越後の学人接化をして「一箇《いっこ》半箇《はんこ》の接得《せっとく》（一人でも半人でも、志あるものを指導する）」と評するゆえんといえよう。

大仏寺開堂と上堂の再開

道元が入越してから丸一年を経た寛元二年（一二四四）七月十八日、新寺の法堂が完成、開堂供養式が催された。寺は、傘松峰《さんしょうほう》大仏寺と名づけられた。

これによって、いよいよ道元の越前における活動が本格的に始まったのである。

それに当たって道元はまず、僧堂の中における大衆《だいしゅ》の進退作法を事細かに示した『大仏寺弁道法（弁道法）』を著した。この後、食事の作法を詳説した『赴粥飯法《ふしゅくはんぽう》』も撰述されている。

このような具体的所作の基準を確立した上で、寛元三年（一二四五）四月、道元は、一時中断していた上堂を再開した。その年の上堂は、わずか十五回にすぎないが、翌寛元四年（一二四六）には七十四回を数え、活発な活動がここに始まったことが分かる。

しかし、それに対して、仮名『正法眼蔵』の示衆は、その年の九月の「出家」巻を最後に、ほとんど行われなくなる。すなわち、道元は、これまでの『正法眼蔵』の形で記録していた説示の形式を、禅宗の伝統的形式に則った「上堂」へと転換したのである。

永平寺への改名・『知事清規』撰述

上堂説法の充実は、道元の意識が、修行道場の内部を充実させることに向いていたことを示している。そしてそれは、『日本国越前永平寺知事清規（知事清規）』の撰述へと繋がってゆく。

この清規は、寛元四年（一二四六）六月十五日、大仏寺を吉祥山永平寺と改名した日に示されたものである。内容は、その名の通り僧団の管理運営に当たる知事職（四知事）の地位確立と、その具体的心得を定めたものである。

このような、僧団の中心的存在である知事に重点を置いた規則の撰述は、僧団の円滑な運営を意図したものであることは明らかである。道元は、永平寺への改名を契機として、将来的展望の下に、その充実本格化を図っていったのである。その具体的な内容については、後に詳説しよう。

鎌倉行化と諸規矩の制定

永平寺僧団の充実に腐心するなか、道元はなぜか宝治元年（一二四七）八月、鎌倉へと旅立つ。

これは、道元自身が「檀那俗弟子のための説法」（『永平広録』巻三）と語るように、御家人である波多野義重の招聘によるものと考えるのが自然である。そして道元は、鎌倉名越《なごえ》にある波多野氏の屋敷で、授戒会や説法を行った。その一部が『鎌倉名越白衣舎示《びゃくえしゃじ》誡《かい》』として残されている。しかし、『永平広録』巻三の記録によれば、道元の主張は、鎌倉ではまったく受け入れられなかったようである。ただ、この失敗は、かえって道元の行くべき道をはっきりと決定づけることになったようで、それ以降、多くの規則が示され、さらなる僧団の内部充実が図られたのであった。

7　十二巻本『正法眼蔵』撰述、そして示寂

十二巻本『正法眼蔵』の執筆

永平寺と名前を改めたのと並行して、道元は新たに、「出家功徳《しゅっけくどく》」巻を冒頭に置いた、十二巻本『正法眼蔵』の編集を開始した。

末尾にある「八大人覚《はちだいじんかく》」巻の懐奘の識語によれば、これらの巻々は「新草《しんそう》」であり、『正法眼蔵』全一百巻の一大思想大系の編成を目指した中の十二巻だという。しかしこれが、そ

れ以前に撰述された仮名『正法眼蔵』の追加としての百巻なのか、あるいは、以前の撰述はすべて書き直されるべきものであるのか、現在も定説を見ていない。

その他にも、この書の存在は種々の問題をはらんでいるが、内容的には、明らかに出家受戒を勧め僧侶としての修行生活のあり方を説き示したもので、道元の僧団存続へ向けての意識を明確に汲《く》み取ることのできるものとなっている。

京都における示寂

越前の厳しい自然と、永平寺における苛酷な弁道は、道元の体を次第に蝕んでいったようである。建長四年（一二五二）六月一日、道元は上堂において「今朝より六月一日、坐禅を放下して板を鳴らさず」と述べている。このような発言は、道元において極めて異例のことといえ、この時点ですでに、大きく体調を崩していた可能性が高い。

道元自身、死期を悟っていたのであろう、翌建長五年（一二五三）一月六日には、釈尊最後の説法である『遺教経《ゆいきょうぎょう》』に基づいて「八大人覚」巻を書している。

八月には、波多野義重の再三の勧めによって上洛し、俗弟子覚念《かくねん》の屋敷に入って療養を続けたが、その甲斐空しく、八月二十八日に、その生涯を終えたのである。

第二章

道元の著作

1　道元の著作について

道元は、生涯を通じて多くの著述を遺している。最も良く知られているのが、和文で記された『正法眼蔵』であろう。この書は、一宗派の聖典というよりも、むしろ宗教や宗派を超えた思想書として世界的に受け入れられている。もちろんこれをはずしては道元禅を語ることはできないが、それ以外にも、道元は、多くの説法記録や規則など、多岐にわたる著述を遺している。

それらの代表として、『永平広録』が挙げられる。この書は、道元が興聖寺や永平寺の法堂において行った上堂説法や法語、あるいは偈頌《げじゅ》（漢詩）等を編集したものである。そしてその中で最も大きな比重を占めている上堂は、その多くが永平寺においてなされたものとなっている。

じつは、仮名『正法眼蔵』は、全体で九十五巻を数える大部であり、道元がその生涯をかけて書き連ねた著述ではあるものの、その執筆時期には偏りがあり、そのほとんどが、道元が永平寺に入る前に著されているのである。撰述年代の明確になる巻だけを数えれば、永平寺において撰述、あるいは説示された巻は、十巻に満たない。

それに代わる形で行われていたのが、『永平広録』に収録されている数多くの上堂であった。さらに、これに各所において示された僧堂運営の規則類を加え、その全体を踏まえて初めて道元の人となりを把握することができるといえよう。

道元が中国から戻ってからの活動の詳細は、巻末の「道元事蹟一覧」にて年表形式で示してあるのをご参照いただくとして、ここでは、道元の著述の流れを概観してみることにしたい。

一二二七〜三二（帰国〜興聖寺開堂前）――『普勧坐禅儀』・『弁道話』の撰述。帰国直後に、広く坐禅の方法と基本理念を弘めるために撰述。どちらも、仏道修行における坐禅の重要性を説く。前者は四六駢儷文（漢文）による坐禅の作法書、後者は和文による修行の指南書。

一二三三（興聖寺開堂）――興聖寺が完成し、仮名『正法眼蔵』の撰述が始まる。

一二三四〜三八（興聖寺僧団形成期）――仮名『正法眼蔵』撰述を一時中断。代わって、修行の基本的な心得である『学道用心集』が示される。また、懐奘が筆録した『正法眼蔵随聞記』のような、時節に応じた自由な形での説法が行われ、門下の仏法理解の平準化が図られる。『典座教訓』などの規則も撰述され、組織的な確立も意図される。

一二三八（興聖寺僧団確立期）――仮名『正法眼蔵』撰述再開。

一二四一〜四三（入越前・興聖寺僧団充実期）――法堂における上堂が頻繁に行われるようになる（『永平広録』巻一所収）。仮名『正法眼蔵』の示衆も並行して行われている。

一二四三（入越後）〜四四（大仏寺（永平寺）開堂準備期）――最も頻繁に仮名『正法眼

蔵』が執筆される。『対大己五夏闍梨法』といった規則も撰述され、大仏寺の完成を待ちながら、その滑らかな発進が意図されていた。

一二四四～四六（永平寺僧団確立期）――大仏寺の開堂により、上堂が再開される（『永平広録』巻二所収）。それに反比例するように、仮名『正法眼蔵』の示衆頻度が激減。大仏寺における修行軌範である、『弁道法』が撰述される。

一二四六～四七（永平寺僧団充実期）――『知事清規』を大仏寺から永平寺へと名前を変更したその日に示す。永平寺の運営組織の確立を意図したものと考えられる。叢林の正式な説法形態である上堂の回数が、より頻繁になる（『永平広録』巻三所収）。仮名『正法眼蔵』の示衆は一巻もないが、十二巻本『正法眼蔵』の撰述が、この頃開始される。永平寺叢林の将来的存続に対する道元の意識が各著述に現れてくるようになっている。

一二四七～五二（永平寺存続準備期）――上堂の頻度がさらに増す（『永平広録』巻四～七所収）。その内容も、仏教の基本的教理を確認するものとなってゆくとともに、三仏忌（釈尊の降誕会・成道会・涅槃会）などの特為《どくい》上堂（特別な記念日などに行われる上堂）は、引用文も含めて定型化し、叢林行持の一環としての機能が強化されてゆく。十二巻本『正法眼蔵』の撰述も継続。内容的に、僧侶育成の基本的な心構えを説くものが多く、永平寺の将来的存続に対する基本的運営方針を示したものとなっていると考えられる。

この傾向は、すでに大仏寺を永平寺と改名した時期に始まったものと考えられるが、一二四七年八月から翌年三月にかけて、道元が鎌倉へと教化に出向いたことも影響していよう。すでに触れたように、道元の鎌倉行化は失敗に終わっていた可能性が高く、そこから、永平寺における「正伝の仏法」の存続に意識が集中していったことは想像に難くない。その意識が、各著述に現れてきているのである。

以上のように、道元の著述は、それらが撰述された時期や状況によって、必要と判断される内容について、最も適切な形式で説き示されたものと考えられる。

まず、道元禅の基礎すらない時代にはそれを世に示し、興聖寺という布教基盤のできた時代には、門下の仏法理解の平準化を図りつつ、禅の修行道場の基本的な作法の確認と、基礎理解を促す説法を、その後に、高度な思想哲学を説き示す仮名『正法眼蔵』や、中国伝来の正式な説法である「上堂」を行うという流れが見える。

この流れは、入越によって一時中断する。そのとき道元は、自らの教えを実践する場所を持たなかった。その仮住まいの日々に、仮名『正法眼蔵』が最も頻繁に撰述示衆されているのは象徴的である。つまり、この時期、道元にとっての『正法眼蔵』は、建設が進んでいる大仏寺（永平寺）において開演する、自らの思想を再確認するためのものであったということになろう。もちろんそれは、道元を慕って京都より越前へと錫を移した門下たちへも向けられていた。

大仏寺に入ってからは、先にも触れたように、仮名『正法眼蔵』はほとんど示されていない。それに代わって行われるのが上堂であり、また、大仏寺を永平寺と改名したその日に示された『知事清規』が、永平寺の運営を司る「知事」に関する著述であることを考えると、道元の意識が、仏法を広く知らしめることから、将来的にしっかりと存続させるための、永平寺という拠点の確立へとシフトしていることが見て取れる。そしてこれは、十二巻本『正法眼蔵』の撰述へも繋がり、道元の最晩年まで続いてゆくことになる。

それが、奏功したかどうかについては、いまここでは触れない。しかし、道元が多くの著述を編み、そして示してきた意図を、まずこのような形で汲み取りつつ各著述を読み進めてみることが、道元の思想へと直接踏み込むよすがになるであろう。

では、以下において、このような全体的な流れを踏まえつつ、個々の著述の内容について解説をしてみることにする。

2　『正法眼蔵』

この「正法眼蔵」の原義は、「正しい法《おし》えの眼《まなこ》（眼目《がんもく》・主眼点）を宿す（蔵する）もの」、「正しい教えの一切を映し出し内包するもの」である。それが、禅宗の伝統では、釈尊の教えが代々受け継がれるときに、その伝えられる仏法そのものを「正法眼蔵」と称している。

たとえばそれは、釈尊が後継ぎの摩訶迦葉《まかかしよう》に法を授与したときの言葉として、「私に正法眼蔵、涅槃妙心がある。〔それを〕摩訶迦葉に付嘱する（吾有正法眼蔵。涅槃妙心。付嘱摩訶迦葉。）」（『天聖広燈録』巻二「摩訶迦葉」章）等という形で用いられている。

道元は、釈尊より正伝した仏法を説き示すものという自負心をもって、「正法眼蔵」という名前を用いたと考えられる。

一般に『正法眼蔵』といえば、道元が仮名で著した思想大系を指す。ただし、道元は、同じ『正法眼蔵』と題された、漢文の公案集も編集している。また、さらに溯って、同じ書名の公案集が、道元が批判した看話禅の大成者である大慧宗杲によっても編集されている。『正法眼蔵』という書名を持つ三種の著述は以下の通りである。

①大慧宗杲撰　『正法眼蔵』三巻

紹興十七年（一一四七）撰。中国宋代に看話禅を大成した大慧によって編集された公案集。上・中・下の三巻より成る。五家各派の祖師の機縁六百六十一則に、大慧が著語・評唱を加えたもの。道元の『正法眼蔵』と区別するため、「大慧眼蔵」と略称されることもある。

②道元撰　真字（真名）『正法眼蔵』三巻（『正法眼蔵三百則』）

成立年代不詳ながら、道元が、京都において活動していた時期に編集したものとされている。上・中・下の三巻からなるが、内容は中国祖師の語録や燈史から選び出された三百則の公案のみが列挙され、道元のコメントは一切付されていない。すべて漢文であることから、仮名書きの『正法眼蔵』に対して真字『正法眼蔵』、あるいは真名『正法眼蔵』と呼ばれる。また、三百則の公案からなることから『正法眼蔵三百則』とも呼ばれることもある。

この書は、古来より仮名『正法眼蔵』の陰に隠れて、あまり注目されていなかった。さらに、公案集であることから、道元の著述であるかどうかも疑問視されていたが、昭和八年(一九三三)、神奈川県立金沢文庫から、道元滅後わずか三十四年後の弘安十年(一二八七)に加点された古写本が発見紹介され、この書が道元の真撰であると確定するに至った。

このような公案集がなぜ編集されたかであるが、「永平頌古《じゅこ》」(道元が選んだ公案に対して漢詩のコメントを付したもの)撰述のためであるとか、渡来人系の参学者のための入門書として編まれたなど、種々に推測されている。ただ、仮名『正法眼蔵』に引用される祖師の機縁の多くが、この書からの引用であることが判明しており、その点から、仮名『正法眼蔵』の台本的性格を持つものであるという解釈が主流となっている。

③同　仮名『正法眼蔵』

道元によって仮名書きで記された『正法眼蔵』。成立は天福元年(一二三三)より建長五年(一二五三)に至るが、先にも触れたとおり、その大部分は、永平寺建立以前に成立している。一般に『正法眼蔵』といえば、この仮名『正法眼蔵』を指す。仮名書きすべてを集めれば、全体で九十五巻を数えるが、編集によって、巻数や巻の順序に大きな違いがある。以下に、代表的な編集の特徴について記してみることにする。

（A）九十五巻本（本山版）

道元の仮名書きの著作を、撰述示衆年代順に並べたもの。永平寺第五十世玄透即中《げんとうそくちゅう》（一七二九―一八〇七）が、寛政七年（一七九五）に道元禅師五百五十回大遠忌の記念行事として発願し、文化十三年（一八一六）に刊行された。

（B）七十五巻本（旧草）

道元自らの編集とされるもの。次の十二巻本と一対とされ、成立年代の古いものが多いことから、「旧草」とも呼ばれる。愛知県乾坤院《けんこんいん》に所蔵される明応四年（一四九五）頃の写本、石川県龍門寺所蔵本（天文十六年（一五四七）書写）等が代表的な写本である。

（C）十二巻本（新草）

石川県永光寺《ようこうじ》所蔵本。文安三年（一四四六）の写本。撰述年代は不詳ながら、七十五巻本撰述以降に、全体百巻を目指して撰述されたものとされる。この十二巻の編成は、昭和になってから発見され、その存在意義については、いまも多く議論されているところである。

（D）六十巻本

永平寺第五世義雲《ぎうん》（一二五三―一三三三）が、鎌倉幕府へ呈上するために編集したとされる。上記七十五巻本より五十巻、十二巻本より七巻、それに別輯二巻を加え、「行持」を二巻に分けて六十巻としている。

現存する最古の写本である広島県洞雲寺《とううんじ》所蔵本が、この編集形態を採っており、内容的にも、「三時業」巻などは草稿を収録していることから、七十五巻本を編集する前段階の暫定的編集形態を留めたものとする説もある。

（E）二十八巻本（秘密正法眼蔵）

永平寺所蔵本。懐奘の書写とされる。初・中・後の三冊に二十八巻が収められているが、それぞれの巻に付されている番号は順序立てがなされておらず、さらに、同じ番号が複数の巻に付されているなど、未整理で独立した編集とは認められない。ただし、たとえば、初冊に収録され、同じ「八」という列次番号が付されている「心不可得」巻と「後心不可得」巻の二つの巻のうち、「心不可得」巻が、七十五巻本の第八に置かれていたり、中冊に「二」という列次番号で収録される「受戒」巻が、十二巻本『正法眼蔵』の第二に組み入れられているなど、『正法眼蔵』の編集過程を示すものとして重要視されている。

以上のように、仮名『正法眼蔵』には、数種類の編集があるが、それぞれの編集に収録される巻の重複などを踏まえ、九十五巻本は全体の総まとめとして、その他の編集については、七十五巻本と十二巻本、六十巻本と二十八巻本とを組み合わせて取り扱うことになっている。現在では、道元の編集意図が反映されている可能性が最も高いものとして、七十五巻本と十二巻本の編集が用いられることが多い。(以下、特記しない限り『正法眼蔵』は仮名『正法眼蔵』を指す。)

3 『永平広録』

道元の説法を記録したもの。『正法眼蔵』の陰に隠れてあまり注目されていないが、『正法眼蔵』に並ぶ分量を持つとともに、内容的にも、上堂・小参・法語・頌古・偈頌という、バリエーションに富んだ形式の説法が記録されている。説かれた時期についても、在宋参学中に作った偈頌(漢詩)から逝去する前年の上堂まで収録している。

なお、内容は、道元が直接撰述したものではなく、弟子の懐奘・義演・詮慧等が、折々の説法を記録し、道元没後に編集したものとなっている。その意味では、道元が直接撰述したものではないが、中国以来の「禅語録」の伝統的な形式を踏襲したものである。

具体的な内容は以下の通り。

巻一　興聖寺における上堂
巻二　大仏寺における上堂
巻三から巻七　永平寺における上堂

巻八　大仏・永平寺における小参と興聖寺における法語
巻九　頌古九十則
巻十　中国留学時代から永平寺までの偈頌・真賛

「上堂」とは、住持が定期的に法堂で行う説法で、禅の修行道場では最も正式なもの。「小《しょう》参《さん》」は、時間や場所を設定せず、随意に行う説法で、日々の修行生活の注意などが中心になるので「家訓」とも呼ばれる。また、夕方に招集されるものについては「晩参」と呼ばれる。「法語」は、特定の対象に書き与える教え。対象は個人であったり、檀那衆であったりする。仮名で書き記されたものが「仮名法語」と呼ばれる。「頌古」は、公案（本則）に対して、漢詩の解説を付したもの。「偈頌」は、漢詩であり、肖像画（真）に付した漢詩のコメント（賛）を「真賛《しんさん》」という。

この中、巻三から巻七までを占める、永平寺における上堂については、『正法眼蔵』の執筆巻数が極端に減少する永平寺入山後に集中的に行われており、道元の後半生の説法の記録として極めて重要となる。

なお、この資料には、内容が少し違う二つの系統（異本）が伝わっている。

一つが、『永平道元和尚広録』で、永平寺に収蔵される最古の写本の系統である。永平寺第二十世の門鶴《もんかく》（?—一六一五）が、慶長三年（一五九八）に門下の祚《そ》光《こう》・宗椿《そうしゅん》等に書写させたもので、それゆえ門鶴本とも呼ばれる。

もう一つが、寛文十二年（一六七二）に卍山道白《まんざんどうはく》（一六三六―一七一五）が全十巻を校訂、翌年（延宝元年）に『永平広録』として刊行したもの。流布本とも呼ばれる。これは、体裁は整っているが、卍山によって内容が改変されている可能性が高く、現在、内容的には門鶴本が原初形態を伝えるものとして取り扱われている。

4 『永平元禅師語録（略録）』

道元の語録には、もう一種が伝わっている。この『永平元禅師語録』は、『永平広録』十巻から抜粋して一巻にまとめたもので、それゆえ「略録」とも呼ばれる。道元が示寂して十一年後の、文永元年（一二六四）に寒巌義尹《かんがんぎいん》（一二一七―一三〇〇）が、『永平広録』を携えて中国に渡り、無外義遠に校閲を求めて、義遠がそこから抜粋して一巻にしたものである。

ただし、刊行は延文三年（一三五八）に永平寺第六世の曇希《どんき》（一二九七？―一三五〇？）によってなされており、現存する資料としては、『永平広録』よりも古い伝承を持っている。それゆえ、道元の語録編集について、多くの問題提起がなされているが、いまは詳しくは触れない。

5 『学道用心集』

詳しくは『永平初祖学道用心集《えいへいしょそがくどうようじんしゅう》』といい、その名の通り、道元が出家学道を志す者への基本的な心構えを記したものである。

撰述された年代については、第三則の末尾に「天福二（甲午《きのえうま》）三月九日書」と、また第六則末尾に「天福甲午清明《せいめい》日」とある。「清明」は二十四節気の一つで、旧暦の三月初旬に当たることから、西暦一二三四年頃に書かれたものであることが分かる。この時期は、先に触れたとおり、『正法眼蔵』の撰述の休止時期で、『正法眼蔵随聞記』の筆録期間と一致している。つまり、道元が、興聖寺において門下生の仏法理解を基本から説き示していた時期の説示として、この両書は密接な関係にあるといえよう。

なお、この書の刊行は、先の『永平元禅師語録』が刊行された前年の延文二年（一三五七）に、同じ永平寺第六世の曇希禅師によってなされており、曹洞宗における宗典刊行の嚆《こう》矢《し》となるものといえる。同年には、『義雲和尚語録』も刊行されている。

6 『永平清規』

道元の撰述した修行道場の規則に関する著述（清規）六篇を集めたもの。永平寺第三十世の光紹智堂《こうしょうちどう》（?—一六七〇）が、寛文七年（一六六七）に、六篇の散逸を防ぐために一書にまとめて『日域曹洞初祖《にちいきそうとうしょそ》道元禅師《どうげんぜんじ》清規《しんぎ》』として刊行した。後に延宝三年（一六七五）に再版されるにあたり、『永平清規』の題が付された。『永平大清規』と呼称される場合もあるが、これは、永平寺第五十世玄透即中が著した『永平小清規』と対比的に用いられる呼称である。道元自身は、永平寺叢林の運営は、『禅苑清規《ぜんねんしんぎ》』に依拠することを基本としていた。これらの清規は、叢林修行における具体的所作の規程というよりも、むしろその基本概念を中心に説かれている部分が多い。

収録される清規の題名と内容は以下の通り。

『典座教訓』……嘉禎三年（一二三七）に、興聖寺において撰述された。典座とは、叢林の食事を司る役職で、中国における体験をもとに、そのような日常生活の補佐的職務が、じつはそのまま極めて重要な弁道修行であることを述べている。道元の修証観の根幹を記した書として重要視される。（詳細は第四章にて触れる。）

『対大己五夏闍梨法』……寛元二年（一二四四）、越前の吉峰寺において示されたもので、大己とは、修行上の先輩のこと。五夏闍梨とは夏安居を五回過ごした先達のことであり、それら修行の先達に対しての示すべき礼節について箇条書きで記されている。永平寺（大仏寺）が完成する直前の著述であり、京都から越前へ移って、新たな道場を開設するにあたって、安定した修行道場を設立するための準備として示されたものといえよう。

『弁道法』……永平寺がまだ大仏寺という名称であった頃の撰述。寛元二年（一二四四）七月から寛元四年六月に著されたもので、「仏であるがゆえの修行」という前提のもとに、修行道場の一日の修行を順次詳説している。本文の成立は大仏寺時代であるが、後の『衆寮箴規』とともに、興聖寺時代より受け継がれてきた作法儀礼を、越前における修行道場の確立を機に、当時の状況に鑑みた改変を加えて明文化された可能性も指摘されている。

『赴粥飯法』……文字通り、粥飯（朝食と昼食）に際しての作法を記したもの。撰述年代は詳らかではないが、永平寺において撰述されたものである。

『衆寮箴規《しゅりょうしんぎ》』……宝治三年（一二四九）に永平寺にて記されたとの奥書がある。内容的には、衆寮という、修行者が祖師の語録や経典を読み、茶湯を喫する建物における禁止事項が中心となっている。この書には、単独の写本は伝わっていないが、道元撰述の清規類の中では最も早く寛文四年（一六六四）に刊行されている。

『知事清規』……寛元四年（一二四六）六月十五日、大仏寺を永平寺と改名した日に示されている。禅林の修行や運営の中心的な役割を担う「知事」の意義と役割について詳細に説き示したもの。前半は、知事や頭首《ちょうしゅ》に任命された者が、修行に秀で、徳を備えた人物であったことを、中国の例を引用して示し、後半は、監院《かんにん》、維那《いの》、典座《てんぞ》、直歳《しっすい》の四知事の職務と、任にあたっての心構えについて、『禅苑清規』からの引用を中心に解説している。永平寺と改名された当日に示されていることや、『典座教訓』で示されていた六知事制が、この段階で四知事に絞られていることなどから、この清規をもって、将来にわたっての永平寺の運営方針を定めたものと考えて良いであろう。

7 『宝慶記』

道元が、中国の天童山において如浄に参学した際に、如浄と膝を交えて交わした質疑応答や、心に残った説法を記録したもの。宝慶年間を中心に記録されているためこの名がある。当時（南宋代）の禅の悪弊に対する批判者としての如浄像が描かれ、また「身心脱落」「只管打坐」の教えが強調されるなど、如浄が道元の思想形成に大きな役割を果たしていることがうかがわれる。ただし、この『宝慶記』に見える如浄像は、中国の弟子たちが記録し遺した『如浄録』の内容からうかがえる人物像とはかなり相違していることが指摘されており、その意味では、あくまでも道元の目から見た如浄像と捉えるべきものといえる。

8 『普勧坐禅儀』・『弁道話』

道元が、中国留学で学んだ〝本場〟の坐禅の儀則を弘めるために撰述したのが『普勧坐禅儀』である。草稿は、帰国直後に、禅林の規矩を確立した百丈懐海の古意を復活し、釈尊六年の端坐・達磨九歳の面壁の跡形を慕って、ただ坐禅に努めるべきことを強調するために書かれた。

文体は格調高い四六駢儷体で統一されており、天福元年（一二三三）に興聖寺において清書された、道元自筆の写本（天福本）は国宝となっている。現在広く流布している本文（流布本）は、天福本からさらに何度かの推敲修訂を経たものとなっている。その推敲修訂により、『普勧坐禅儀』は、宋朝禅の遺臭を払拭しつつ、坐禅の行が、証そのものであるという道元禅の特色、すなわち只管打坐を、はっきりと強調するものとなっていった。

四六文で坐禅の作法について述べている『普勧坐禅儀』に対し、その思想的基盤を和文で記したのが『弁道話』である。

この書の末尾には「その坐禅の儀則は、すぎぬる嘉禄のころ撰集せし普勧坐禅儀に依行すべし」とあって、あくまでこの書は『普勧坐禅儀』と一対のものとして存在していることが分かる。前半部は、道元自身の参学の概要を、後半部は、種々の角度からの疑問・反論を想定した仮想問答の形式で、自己の仏法の根本である坐禅の意義を説き尽くしたものとなっている。古くは、この『弁道話』を道元の立教開宗の宣言書と位置づける説もあったが、道元は、宗派としての独立は意識してはおらず、あくまでも、『普勧坐禅儀』と対となって、正伝の仏法としての坐禅の地位を確立することを意図したものであったと考えられる。

9 『正法眼蔵随聞記』

道元の時宜に触れての説法や、門下の質問に対する回答を、弟子の懐奘が筆録したもの。段落の書き出しに「夜話に云く」とあるものは、夕方以降に示された訓示で「晩参」に当たる。「示して云く」は「垂示」と言われる不定期の示衆説法を、さらに「問うて云く……。答う……」の形となっている段は、修行僧の質問と道元の答えである。特に「奘問う」となっている項目は懐奘自身の質問に道元が答えたものとなっている。

内容的に、修行と悟りとの関係や戒律の重要性などの基本姿勢に関する説示が目立っている。これは、懐奘自身が、無戒無修（戒律を守らず、修行も行わないこと）を批判された達磨宗から道元門下に帰投した時期の筆録であったことに由来しよう。それゆえ、この書は、達磨宗から転じた懐奘が道元禅を体得する過程を示した書と位置づけることも可能である。そのように考えると、厳密には、道元の著述とすることはできない。

しかし、筆録時期は、文暦元年（一二三四）の冬から嘉禎四年（一二三八）と、先に示した『学道用心集』とともに、興聖寺において、道元が門下の仏法理解を高めるために説き示したものであり、平易で基礎的な内容を持っていることから、道元禅の特徴を理解する上で重要な記録といえる。

全体は六巻から構成されている。これは、すべての写本に共通しているが、その配列には二つの系統がある。最も古い書写の長円寺本（寛永二十一年（一六四四）書写）の巻一から巻六の配列が、宝暦八年（一七五八）に刊行された流布本では、長円寺本の巻二が冒頭に置かれ、巻三が巻二に、順次繰り下がって、長円寺本の巻一が巻六に置かれている。

第三章

初心の仏道

道元の思想を探る第一歩として、まず、仏道修行を志すにあたって、修行者が持つべき基礎的な心構えについて見てゆくことにしたい。

それはまず、道元が自分自身の修行の中で体験し、試行錯誤しながら築き上げていったものといえる。ある意味でそれは、世俗化していた当時の仏教への落胆とその是正から生まれてきたものともいえるが、それは仏道修行を志す者だけが持つものではなく、人が真摯に生きてゆく上で極めて重要な教えともいえる性格を持つものでもある。

その、初学者に対する教えをまとめると、次の四点となる。

①吾我を離れること
②名聞利養の心を捨てること
③無常を観じること
④正師につくこと

これらについて、少し詳しく見てゆくことにしよう。

1 「吾我」の否定

「吾我《ごが》」とは、嚙み砕いていえば、「自分を最優先する気持ち」のことである。誰でもが、他人よりも自分が良い思いをしたいという気持ちを持つものである。この、「私こそ」という気持ちを強く持ち続けることは、一般的な社会生活においては、たとえばビジネス社会においては、時には高い業績へと結びつくことがあるかもしれない。しかし、自分自身の業績や評価だけを意識すると、自分自身の努力が身になっているときは良いが、なかなか成果とならないときなどには、自分を見失ってしまうことになりやすい。

これは、自分自身の行くべき道よりも、他者の評価を意識するようになってしまうからである。それでは、さらに自分のありかを見失うことになってしまう。

このような状況に陥ると、人は、自らを高める努力を放棄し、他人の足を引っ張ることだけに専念してしまうことになる。そうなると、いくら自分自身が達成感を得たとしても、その「心地よさ」は、他者の不快感となり、けっして評価されるものとはなりえないことは、誰もが理解できるところであろう。

仏道修行においては、なおさらである。仏教の教えに基づいて自分自身を完成させようと志す者は、そのような自己優先の意識など絶対に持ってはいけないということを、道元は繰り返し説いている。

この「自己優先の意識」は、次項で紹介する「名聞利養の心を捨てること（名声と利益を求めない）」という教えと密接に繋がっている。たとえば、『永平広録』巻八に収録される「小参」では、この二つは次のように語られている。

〔禅者の〕適切な行動とは、名声と利益〔の追求〕を抛《なげう》ち、吾我を永久に捨て去った状態にあって、権力者に近寄らず、支援者におもねらず、生に執着せずに山の中に隠れ住み、仏法を重視して修行道場を離れず、大きな宝石を宝とすることなく、一瞬の時間を惜しんで、それ以外のことに関知せず、ひたすら修行に努めることである。

（謂ゆる行履とは、名利を早く抛ち来たり、吾我を永《とこしな》えに捨て去り、国王大臣に近づかず、檀那施主に貪らず、生を軽くして山谷に隠居し、法を重くして叢林を離れず、尺璧を宝とせず、寸陰を是れ惜しんで、万事を顧みず、純一に弁道するなり。）

＊　＊　＊

謂行履者、名利早抛来、吾我永捨去、不近国王大臣、不貪檀那施主、軽生而隠居山谷、重法而不離叢林。尺璧不宝、寸陰是惜、不顧万事、純一弁道也。

これは、永平寺で行われた小参で、修行者としての行動基準について語られたものである。ここでは、最終的に、深い山の中、すなわち永平寺における弁道修行へと集約されているが、それに先立って挙げられているのが、「名利を抛つ」ことと、「吾我を捨てる」こととなっている。

これをもってしても、道元が、純粋な仏道修行に対して、「吾我」と「名利」を根本的な妨げとして扱っていたことが理解できよう。

このうち、「吾我を離れる」ことについて、さらに見てみると、それは、道元の著述の初期から晩年に至るまで、全体的に散在してはいるものの、特に、興聖寺時代の、しかも前章で挙げた、門下の基礎知識を確立しようとしていた時代の著述である、『学道用心集』と『正法眼蔵随聞記』に集中的に現れていることが分かる。

すでに触れたとおり、道元は、嘉禎年間（一二三五〜三八）に記された、『正法眼蔵随聞記』や『学道用心集』において、当時の日本の仏教界のあり方と、自分自身が体得し弘めようとしている「正伝の仏法」との間に大きな隔たりのあることを感じ、まず、仏教の教えに対する基礎知識と、仏道修行の必要性に関する共通理解を構築するための作業に取りかかった。

それは、かたや韻を踏んだ漢詩調で書かれた『学道用心集』で、かたや、『正法眼蔵随聞記』に記録されるような、種々雑多な形式の説法で、時をかまわず、折に触れて説き示されていたのである。

さて、「吾我を離れる」ことであるが、このことを道元は、仏道修行の入り口にあって最も重要であると考えていた。たとえば、長円寺本『正法眼蔵随聞記』巻六（流布本巻五）には次のように示されている。

〔道元禅師が〕示して言われた、仏道を学ぼうとする人は、「吾我」のために仏法を学んではいけない。ただ仏法のために仏法を学ぶべきである。昔からの作法では、自分自身の身心をひとつのこさず捨て去り、〔その徳を〕仏法の大海原に振り向ける。その後に、一切の是非（分別）を捨て去り、善悪に関わらず、自分こそがと思うこともなく、なし難いことであっても、仏法に使われる（仏の教えに活動が規定される）ことによって、強いて行い、自分のためにしたいことであっても、仏法の道理に〔照らして〕、なすべきことでないとすれば、捨て去るべきである。

（示云、学道の人は、吾我の為に仏法を学する事なかれ。只、仏法の為に仏法を学すべき也。その故実は、我が身心を一物ものこさず放下して、仏法の大海に廻向すべき也。其後は、一切の是非を管する事無く、我心を存する事無く、難レ成ことなりとも、仏法につかはれて、強いて是をなし、我心になしたきことなりとも、仏法の道理になすべからざることならば、放下すべき也。）

仏教を学び、修行することの根底に、自分自身を高めようという意識が存在するのは当然のことといえよう。しかし、道元は、そのような高い志を持っていたとしても、「自分のために学ぶ」という意識を持っていてはいけないというのである。

極めて厳しい考え方といえるが、その理由の一つに、序章で解説した禅の基本的な考え方が関わっているといえよう。

禅では、この世界すべてがすでに仏としてあり、自分自身も完成された状態にあるという前提に立つ。そうなると、仏道修行は、いまの自分を何か他の自分に「変身」させるのではなく、その完成された自分自身をしっかりと把握するためのものとなる。かといって、「自分」だけを考えていては、それが「悟り」とほど遠いものとなってしまうであろうことは想像に難くない。「仏法のために仏法を学ぶ」、つまり自分を含めた周囲全体のことをしっかりと理解する、それがまさしく自己を高めることであって、そのためには、ほんの少しでも、「自分のため」という思いがあってはならないというのである。

もちろん、一般論としても、「人より偉くなりたい」という考え方だけで行動することはあまり好ましいこととはいえない。他人と比較して、自分自身が「上である」と思いたいがための行動は、けっして社会的に評価されるものではないのである。ましてや、そのような気持ちで行う仏道修行は、完全に誤りであると言わざるを得ない。仏道修行とは、あくまでも仏としての世界を確認するものであり、その中で仏として存在している自己を認識するものでなければならない、まずその気持ちを持つことが仏教に参じる第一歩だというのが道元の主張なのである。

2 「名聞利養を求めること」の否定

「自分こそが」という自己顕示的な思考に必ずついて回るのが、地位や名誉、あるいは富に関する欲求である。この地位や名誉が「名聞《みょうもん》」であり、富が「利養《りよう》」である。

道元は、もちろんこれに執着することを徹底的に嫌った。それは、吾我の否定よりもさらに頻繁に、かつ強く示されるところである。

その意識が最も顕著に示されているのが、『正法眼蔵』「行持・上」巻であるといえよう。以下に道元が「富と名声」をいかに嫌っていたかを探る意味から、当該巻の中から、名利の否定に関わる文言をいくつか拾い出してみよう。

> いまここで、仏祖の進む大いなる道を継続的に修行してゆくには、大隠・小隠〈という隠遁の形式〉にかかわらず、聡明であるとか愚かであるということを〈修行の条件として〉言ってはならない。ただ、ずっと名利を投げ捨て、すべてのしがらみに縛られないようにしなさい。そして時間を無駄にせず、頭に降りかかった火の粉を払いのけるように必死で修行するのだ。さらに悟りが外からやってくるのを待っていてはいけない。

悟りは、この日常の食事やお茶にあるのだ。

（いま仏祖の大道を行持せんには、大隠・小隠を論ずることなく、聡明・鈍癡をいとふことなかれ。ただながく名利をなげすてて、万縁に繋縛せらるることなかれ。光陰をすごさず、頭燃をはらふべし。大悟をまつことなかれ、大悟は家常の茶飯なり。）

この一節では、仏道を行持する（継続的に修行する）ための条件が列挙されている。「大隠・小隠」とは、世俗を離れた隠者で、大隠は街中に居ても心乱されぬ者。小隠は隠遁生活をする者。その居場所の違いを意味している。「聡明・鈍癡」は、知的理解の早い者と遅い者。修行には、そのような区別のないことがまず述べられ、その後に、絶対的に必要なものとして、「永遠に名利を投げ捨て、周囲の事情に縛られることのないようにすること」、「光陰（時間）を無駄にせず、頭に降りかかった火の粉を払いのけるように必死になること」、そして「悟りを待っていてはいけない、悟りは日常の普通の生活にあると認識すべきこと」の三点が示されている。

じつに、この三点目の「悟りを待たない」というあり方は、道元禅の基本姿勢ともいえるものである。「待つ」とは、いまここにない「悟り」がどこからかやってきて自分と一体となる瞬間を「待つ」ということ。自分自身が「仏である」という前提に反するものであるがゆえに、道元はこれを非常に嫌うのである。

さらに、同「行持・下」巻には次のような非常に強い表現もある。

重要でも何でもない「吾我」を貪り愛するのは、けだものでも考えることである。「名利」を捨てることは、人間や天人でもまれにしかできないところであるが、仏祖は、そのすべてを捨てているのである。ある人が、「人々を救うために名誉や利益にこだわるのだ」と言うが、それは大いなる誤りであり、仏法を受けてはいても外道に等しく、正法を誹《そし》る悪魔の輩である。その人の言うようであれば、名利を貪らない仏祖には、人々を救うことはできないというのか。

（おもからざる吾我をむさぼり愛するは禽獣もそのおもひあり、畜生もそのこころあり。名利をすつることは人天《にんでん》もまれなりとするところ、仏祖いまだすてざるはなし。あるがいはく、衆生利益のために貪名愛利すといふ、おほきなる邪説なり、附仏法の外道なり、謗正法の魔儻《まとう》なり。なんぢがいふがごとくならば、不貪名利の仏祖は利生なきか。）

ここでは、無用な吾我を貪るのは獣と同じであり、名利を捨てることは、人間界・天上界をはじめとした世界全体を見渡してもまれなところであるが、仏祖はそれをすべて捨てているというのである。

さらに、「人々の幸福のために、名声と利益を必要とするのだ」という詭弁に対し、「それでは、名利を貪らなかった仏祖は利他の精神がなかったのか」と反論し、そのような輩は外道であり、正しい教えを誹る魔物であるとまで言い切っている。

これらを見れば、仏道修行にあたって、先の「吾我の思い」と並んで、「名利の念」を退けて初めて仏道修行に入ることができることを強調しているのが分かる。

3　無常を観じる

自分本位になることは、仏教でなくとも非難される。では、仏道修行に入るにあたって、この心を起こさぬようにするにはどうすれば良いか。それについて、『学道用心集』第一則には、次のような定義が見られる。

もしも〔菩提心をもって〕無常を観じたなら、吾我の心や、名利を求める気持ちは起きてこないだろう。〔無常をしっかりと把握すると〕時間の流れのとても速いことを恐れる〔気持ちが起きる〕。

（誠に夫れ無常を観ずる時、吾我の心生ぜず、名利の念起こらず。時光の太《はなは》だ速かなることを恐怖す。）

＊　＊　＊

誠夫観無常時、吾我之心不生、名利念不起。恐怖時光之太速。

ここにある「無常」とは、仏教において、世間の諸事象に対する認識の基本となる考え方で、すべての事象が、常に変化していて留まることのない様相を表現した言葉である。

仏教は、この世の事象すべては単独で存在することなく、互いに関連し合って存在しているという「縁起《えんぎ》」の教えを基本としている。それゆえ、すべての事象は、固有の固定的実体を持たず、常に周囲の影響を受けつつ変化し続けていると捉える。この、「常に変化し続けていて固定的な実体を持たない」という考え方が「無常」である。

この言葉は、「祇園精舎《ぎおんしょうじゃ》の鐘の声、諸行無常の響きあり」という『平家物語』冒頭の一節で良く知られている。ここでは、人の世の栄枯盛衰を象徴的に示すために用いられるのだが、そのように、世俗的な価値観にしがみついていても、それは儚《はかな》く移ろいゆくものであること、さらにすべての事象が、関連し合って生滅し、自分勝手な思いの入り込む余地のないことを認識することが、「吾我」や「名利の念」へのとらわれから脱するための最善の手段だというのである。

以上のように、仏道修行に入るにあたって、世間の無常なるさまを明確に把握し、それによって「吾我」・「名利」から離れることが重要であるとされる。

4　正師につく

すでに見たように、禅では、基本的に自己の修行によって、自己を認識することになるのであるが、それを、文字通り、周囲との交渉を断絶し、自分だけで実践し体得してゆくということには、「独りよがり」という大きな落とし穴が存在する。いかに自己の認識であるとはいえ、それが「仏法に照らして」正当な判断であるかどうかの確認は必ず必要となる。それは、自分自身で行うことのできるものではないがゆえに道元は、正しい判断力を持ち、修行者を正しい方向性へと導く指導者の存在を極めて重視した。それが「正師《しょうし》」である。正師はまた「善知識（良い知識を持った先達）」とも表現されるが、これらの人々の存在なくして修行の完成はなく、その伝授もないということなのである。

この正師の必要性の主張は、道元自身の体験にもよっていることが、以下の長円寺本『正法眼蔵随聞記』巻五（流布本巻四）の一節により理解できる。

ある日、〔道元が〕示して言われた。修行者は、初心の時には仏道を求める心があってもなくても、経典や論書、その他の聖典をよくよく見るべきであり学ぶべきである。

私が、世間の無常を観じていささか仏道を求める心を起こして出家し、修行してのちにいろいろな師匠を訪ね、ついに比叡山も辞したが、建仁寺に身を寄せるまでの間に、正師に会うこともなく、善き友もなかったために、迷ってよこしまな考えを起こしてしまった。私を教え導いてくれた師匠も、まず学問をして先達と同じだけの知識を持ち、良い人となって国家に名を知られ、天下に誉れ高くなることを教訓したので、教えを学ぶにも、まずこの国の古い時代の賢者に肩を並べようと思い、〔弘法大師や伝教大師などの〕大師と呼ばれる人々と等しくなろうと思った。

ある時、『高僧伝』や『続高僧伝』などを読んで、中国の高僧や仏法者の様子を見たところ、いまの師の教えとは違っていた。また、自分が起こした心は、みな、経論や論書などでは、厭い憎まれているものであることが分かり、これは嫌うべき心であると思ったところでようやく仏法の道理について考えたところ、名声を求めても、いまどきの下劣な人々に良く思われるよりも、昔の賢者や、将来の善人に対して、自分の至らなさを恥じ、肩を並べるにしても、日本の人よりも、インドや中国の先達や高僧に対して恥じ、その人たちと等しくなろうと思うべきである。また、目に見えない天人たちや仏、菩薩などと等しくなろうと思うべきであると分かった。

〔一日示して云く、学人初心の時、道心有ても無ても経論聖教等よくよく見るべく、学ぶべし。我、初てまさに無常によりて聊《いささ》か道心を発《おこ》し、あまねく諸方をとぶらひ終に山門を辞して、学道を修せしに、建仁寺に偈せしに、中間に正師にあはず、善友なきによりて、迷て邪念を起しき。教道の師も先づ学問先達にひとしくよき人也、国家に知れ、天下に名誉せん事を教訓す。よて教法等を学するにも、先、此国の上古の賢者にひとしからん事を思ひ、大師等にも同じからんと思て、因に高僧伝・続高僧伝等を披見せしに、大国の高僧、仏法者の様を見しに、今の師の教への如には非ず。又我がをこせる心は、皆経論伝記等には、厭い悪みきらへる心にて、有りけりと思より、漸く心つきて思に、道理をかんがふれば、名聞を思とも当代下劣の人によしと思はれんよりも、上古の賢者、向後の善人を可レ恥。

ひとしからんことを思ふとも、此国の人よりも唐土天竺の先達高僧をはぢて彼にひとしからんと思ふべし、乃至、諸天冥衆諸仏菩薩等にひとしからんとこそ思ふべけれ。）

ここによれば、道元は、出家してから建仁寺に参じるまでの間、誤った師に導かれ、自らの行くべき道を見失いそうになったという。当時の日本に、正しく導いてくれる師匠が存在しないことを嘆くとともに、誤った指導によって、道元が、実際にどのような方向へ向かっていったのかがよく分かる一節となっている。

以上のように、地位も名誉もある高僧であったとしても、世俗的権威にとらわれていては修行者を正しく導くことはできない。それゆえ、師匠を選ぶことが重要だというのである。

じつは、禅宗では、少し変わった師の選び方をしていた。禅宗の修行形態は、諸国を巡る行脚と、一カ所に留まる安居とが組み合わさっている。夏の禁足修行（夏安居）の期間は一カ所に留まってそこの師の指導を受けて、三ヶ月の禁足が解けると、また行脚に出て次の師の下に身を投じる、その連続の中で、多くの指導者と出会い、多くを学び、最終的には、その中から自分の師たる人物を見つけ出してゆくのである。極論すれば、弟子の方が、師匠の選択を行う、ということになる。このような独特の師弟関係確立のシステムのあることが、「正師」を選ぶことが極めて重要だという道元の主張の基盤に存在しているのである。

道元自身も、日本においても叡山から建仁寺へ、そして中国留学中にも多くの師を訪ね、最終的に如浄へとたどり着いた。その経歴をも踏まえつつ、正師の存在を強調するのである。

その最も端的な例が、『学道用心集』第五則「参禅学道には正師を求む可《べ》きこと」であろう。その冒頭には次のようにある。

仏道の実践は、それを導く師の正と邪によるに違いない。才能は良い材料のようなもので、師は、それを加工する匠《たくみ》（技術者）のようなものである。どのような良い材料であっても、良い匠を得なければ、そのすばらしさは表れてこない。たとえ曲がった材木であっても、もしも優れた技術にあったならば、そのすばらしさがすぐさま表れる。師の正邪によって、悟りが偽物であるか真実であるかが決まることを、これで理解すべきである。

（行道は導師の正と邪とに依る可きか。機《き》は良材の如《ごと》く、師は工匠に似たり。縦《たと》い良材なりと雖も、良工を得ざれば、奇麗《きれい》、未《いま》だ彰《あら》われず。縦い曲木なりと雖も、若し好手に遇わば、妙功、忽《たちま》ちに現わる。師の正邪に随って悟の偽真《ぎしん》あること、之れを以て暁《さと》るべし。）

＊　＊　＊

行道可依導師之正与邪歟。機如良材、師似工匠。縦雖為良材、不得良工者、奇麗未彰。縦雖曲木、若遇好手者、妙功忽現。随師正邪有悟偽真、以之可暁。

この一節は、「最初が肝心」という古人の教えからはじまり、修行が正しく進むには、それを導く師の「正邪」に依るところが大きいと言われている。その喩えが、材木と工匠である。材料が美しい製品となるのは、それを加工する工匠の手練によるところが大きいとし、正師を選び取ることの重要性へと繋げている。

先の『正法眼蔵随聞記』に見える道元自身の体験と照らし合わせれば、その指導者は、富や名声とは別のところに価値観を置いた存在として意識されていることは明白である。

では、その「正師」とは、どのような人物なのであろうか。その定義の一部を、この『学道用心集』第五則から拾い出してみると、まず、正しい師であるかどうかは、「言を見て察するなり（〔その人の発する〕言葉を見て理解する）」、つまり、どのような言葉を用いて修行者を導くのか、それを見れば判断できるというのである。

さらに具体的に、条件が挙げられる。

そもそも、正師とは、お年寄りであるとか修行が進んでいるとかではなく、ただ正法をしっかりと理解し、正師の印可証明を得ているのである。文字を優先せず、知的理解を優先しない、人並み外れた力量や、高い志を持ち、自分の意見に固執せず、感情に流されず、「行解相応」しているのが、まさしく正師なのである。

（夫《そ》れ正師とは、老年耆宿《ぎしゅく》を問わず、唯だ正法を明らめ、正師の印証を得るなり。文字を先とせず、解会《げえ》を先とせず、格外の力量あり、過節の志気《しいき》あり。我見に拘《かか》わらず、情識に滞らず、行解相応《ぎょうげそうおう》する、これ乃《すなわ》ち正師なり。）

＊　＊　＊

夫正師者、不問年老耆宿、唯明正法兮、得正師之印証也。文字不為先、解会不為先、有格外之力量、有過節之志気。不拘我見、不滞情識、行解相応、是乃正師也。

ここで示される条件を箇条書きにすれば以下のようになる。

・年齢や修行の深浅を問わず、正しいおしえを理解できていること。
・仏法を正しく理解していることを、正師に認められていること。あくまでも、他者による証明が必要とされる。
・文字（典籍）を優先させず、またその知的理解をも重視しないこと。禅僧としての基本姿勢が要求される。
・規格を超えた（格外の）力量があって、常に強い志を持ち続けていること。これは人としての資質に関する定義といえる。
・外道のような誤った見解、あるいは自己本位の考え方（我見）を持たず、自らの感情や意識作用（情識）に留まることのないこと。

以上の具体的な条件に加え、引用文の最後に見えるとおり、道元は、総合的な正師の条件を「行解相応」という言葉で表現している。

この「行解相応」とは、「行解が相応しているものを名づけて祖と呼ぶ（行解相応、名之曰祖）」という形で、達磨の言葉として『少室六門《しょうしつろくもん》』「二種入《にしゅにゅう》」（『大正蔵』第四十八巻・三七〇頁上段）などに見えるもので、「〈仏法の〉実践と理解とがぴったりと一致していること」を意味しているが、このように、道元の著述においても、祖師や正師を定義するための重要な概念となっているのである。

この「行」と「解」の意味するところは、『永平広録』巻七・第四九八上堂に次のように示される。

その「行」というのは、祖師の宗旨をしっかりと行ってゆくことを言う。その「解」というのは、祖師の宗旨を理解していることを言うのである。仏祖の「行解」とは、理解すべきことを理解して、行ずるべきことを行じてゆくだけなのだ。

（其の行と謂うは、祖宗の密行を謂うなり。其の解と謂うは、祖宗の解会を謂うなり。仏祖の行解は、解す可きを解し、行ず可きを行ずる而已《のみ》。）

＊　＊　＊

謂其行者、謂祖宗之密行也。謂其解者、謂祖宗之解会也。仏祖之行解、解可解行可行而已。

ここでは、「行」とは、祖師から祖師へと伝わってきた教えの中核に親密な（ぴたりと一致した）実践を行うことであり、「解」とは、仏祖の教えをしっかりと把握することだとされる。そして、結局は「実践すべきことを実践し、理解すべきことを理解するだけである」と、この「行解」が、無限定にすべての実践を行うことでも、また仏法全体を網羅的に理解することでもなく、禅の祖師によって選び取られた教えと修行を明確に受け継ぎ、それを理解して実践してゆくことであると定義しているのである。

いずれにせよ、これによって道元が、「実践すること」を強調するのはもちろんのこと、その実践の依って立つ基盤をしっかりと把握し、そこから行じてゆくことを、人を導くための条件としていることが分かる。道元は、やはり正師たる者の条件として、高いレベルの仏法理解を要求すると同時に、それらを実践に活かすことのできるような、極めて意識の高い人物であることを求めているのである。

5　只管打坐へ

以上、人が初めて仏道に向かい合うときの心構えについて、(1)吾我を離れること、(2)名聞利養の心を捨てること、(3)無常を観じること、(4)正師につくことの四点にまとめる形で紹介してきた。いま一度、その流れを確認する意味から、長円寺本『正法眼蔵随聞記』巻二（流布本巻一）の次の一節を紹介しておくことにする。

いま出家人として仏門に入ったからには、必ず、その行いを習わなければならない。その行いを習い、その形を守るというのは、自分本位の気持ち（我執）を捨てて、良き指導者の教えに従うことである。その大意は、貪りの気持ち（貪欲）のないことである。貪りの気持ちをなくそうと思うなら、まず吾我を離れなければならない。吾我を離れるには、無常を観ずることが第一の用心である。

世の人の多くは、自分はもとより、他人からもよく言われ、思われようとする。それこそが、良くないのである。〔良く思われるためには〕ただ少しずつ、自分本位の気持ちを捨て、指導者の言葉に従えば、上向きに進むことになる。さも本質を心得ているように言いながら、それはそうだけれど、私はそのことは捨てられないなどと言って、こだわって、自分の思いのままに行動するのでは、いよいよ迷いに沈むことになる。

禅僧が良くなる第一歩の用心は、只管打坐することである。理解の早い遅い、学識のあるなしを考えることなく坐禅すれば、自然に良くなるのである。

（今、出家の人として即仏家に入り僧道に入らば、須く其業を習べし。其儀を守ると云ふは、我執をすて、知識の教に随ふなり。其大意は貪欲無也。貪欲無らんと思はば、先須レ離二吾我一也。吾我を離るるには、観無常是れ第一の用心也。世人多、我は元来、人に、能《よし》と言れ思はれんと思ふ也。其が即、よくも成得ぬ也。只、次第に我執を捨て知識の言《ことばに》 随《したが》いゆけば、昇進する也。理を心得たるように云へども、しかありと云へども、我は其の事が捨得ぬと云て執し好み修するは、弥《いよいよ》、沈淪する也。禅僧の能く成る第一の用心、祇《し》（只）管打坐すべき也。利鈍賢愚を論ぜず、坐禅すれば自然に好くなるなり。）

ここでは、傍線部のように「出家者の心得」という形で、いままで見てきた四点を集約する形で示されている。世の無常をしっかりと認識することによって「自分こそが」という思いや、地位や名誉、お金に対する執着を捨て、「完成された自己」に向かうのである。そしてそれは、独りよがりとなることを防ぐ意味から、良き指導者の確認を得ながら進むことになる。

そして最後に、道元は禅僧としての第一の用心として「只管打坐」を挙げている。それは、「利鈍賢愚を論ぜず」、つまり、器用・不器用、物覚えが良い・悪いといった、個人的な資質にかかわらず、すべての人が、修行によって「自然に良くなる」ものであるとされるのである。

この「良くなる」ことの具体的な内容にアプローチするために、次の章では、この坐禅を中心とした修行、道元の「只管打坐」の教えについて見てゆくことにしよう。

第四章

修行と坐禅

「無常を観じる」ことによって「吾我」を離れ「名利の念」を捨て、「正師」の下で行うことが、道元の修行に対する基本姿勢であったが、前章末尾で示したように、それは、出家修行者にとって「只管打坐（ただ坐る）」へと収斂してゆく。

この修行観は、道元が、中国で新たに学び取ったものであると同時に、その弱点を克服するために、一部を新たに作り替えたものでもある。そこで本章では、道元が獲得した伝統的な禅の修行観と、そこからの展開の形について見てゆくことにする。

1　禅の伝統的修行観と道元

禅は、中国唐代以来、経典や禅籍の研鑽や、特別な修行方法を重視せず、日常生活そのものを仏道修行と捉える。現代の日本の曹洞宗でも、坐禅を強調するものの、この禅の伝統に則って、その他の日常的な活動も、たとえそれが仏法を学ぶことに直結しないように見えても蔑ろにすべきでないものとする。

道元禅は、「只管打坐」の根底に、この伝統的修行観を置いている。まず、その基本的な考え方を道元がどのように受け入れたのか、その形成過程を示す二つの逸話が『典座教訓』に示されているので、それを紹介しよう。

①寧波での典座との出会い

道元は、博多を発《た》って中国寧波の港に到着したが、すぐには入国許可が下りず、三ヶ月間、乗ってきた貿易船の中に留まっていた。その時に、阿育王山から老いた僧侶が、「倭椹《わじん》」(日本産の食材。椎茸とも木耳《きくらげ》ともいわれている)を買い求めに船にやってきた。道元は、中国の禅に触れる格好の機会と思い、その老典座を引き止め、質問をするのである。

道元「いつ、あちらを発たれたのですか(幾時離彼)。」

典座「斎(昼食)が終わってからです(斎了)。」

道元「阿育王山からは、ここまでどのくらいありますか(育王去這裏有多少路)。」

典座「三十四、五里といったところでしょうか(三十四五里)。」

道元「いつ、寺にお帰りになるのですか(幾時廻寺裏去也)。」

典座「買い物が終わったらすぐに帰ります(如今買椹了便行)。」

道元「今日、期せずして貴兄とお会いすることができ、こうしてお話しすることができました。とてもよい出会いですので、私が貴兄をご招待したいと思うのですが(今日不期相会、且在船裏説話。豈非好結縁乎。道元供養典座禅師)。」

典座「それはできません。明日の端午の節句の供養は、私が管理しなければ、きっとうまくゆきませんから(不可也。明日供養吾若不管便不是了也)。」

道元「阿育王山ほどの大刹でしたら、他に誰か人がいるでしょう。あなた一人いなくても大丈夫ですよ(寺裏何無同事者理会斎粥乎。典座一位不在、有什麼欠闕)。」

典座「私は年老いてからこの職にあてられ、最後の弁道修行だと思っています。いったいどうしてそれを他人に譲ることができるでしょう。それに来るときに外泊の許可を貰っていませんから（吾老年掌此職、乃耄及之弁道也。何以可譲他乎。又来時未請一夜宿暇）。」

道元「典座さまは、ずいぶんとお年を召しておられます。どうして、坐禅をしたり古人の語録を読んだりしないで、煩わしく典座の雑務にあてられてひたすら作業をしておられるのですか。それでどんな良いことがあるというのですか（座尊年。何不坐禅弁道、看古人話頭、煩充典座、只管作務。有甚好事）。」

典座は大笑いして言った、「外国から来た熱心なお方、あなたはまだ弁道修行のなんたるかも分かっていないし、文字というものも知り得ていないようだ（外国好人、未了得弁道、未知得文字在）。」

道元はそれを聞き、驚き恥じて言った、「では、文字、弁道とはなんですか（如何是文字、如何是弁道）。」

典座「もし、その質問したところを、これから踏み外さなければ、必ず、それを理解する人となるでしょう（若不蹉過問処、豈非其人也）。」

②天童山における老典座との会話

道元が天童山で修行していたとき、用《ゆう》典座という人がいた。手に杖を持って、笠も被らずに仏殿の前で海苔を干しているところに通りかかった。熱い日差しの中、汗を流して大変そうだったので年を聞いた。

用典座「六十八歳です（六十八歳）。」

道元「どうして下働きの者を使わないのですか（如何不使行者人工）。」

用典座「彼らは私ではないからです（他不是吾）。」

道元「ご老僧は規則の通りに仕事をされていますが、このように暑い日にどうしてそこまでなさるのですか（老人家如法、天日且恁熱、如何恁地）。」

用典座「いまやらないで、いったい何時やるというのでしょうか（更待何時）。」

道元は言葉を継げなかった。

その後、廊下を歩きながら、典座という役職者が力量ある修行者であることを理解したのであった。

この二つの逸話は、道元の修行に対する価値観を大きく転換させた出来事として、道元自身が『典座教訓』に詳細に記録している。特に最初の阿育王山の典座との会話は、「しいたけ典座」などと俗称され、道元の思想的転機を示す重要な出来事の一つとして重視されている。

阿育王山の典座は、自らの職を「最後の弁道」であり、「どうして他人に譲ることができるか」と述べている。また、後者の、天童山の用典座も、下働きの者に手伝わせるように提案する道元に対して、「彼らは私ではない（他は是れ吾にあらず）」と、それを拒否している。

前者は、「あなた一人いなくても大丈夫でしょう」という発言に対する回答であり、後者は、「大変なことは、誰かに手伝ってもらえば良い」という勧めに対する回答である。この時点で道元は、食材の買い付けや海苔を干すという作業を仏道修行とは捉えていない。しかし、二人の典座は、それをあくまでも自分自身の修行として捉えているがために、それを受け入れないのである。つまりこれは「自分の修行を自分でしないでどうする」という主張だったのである。

このように、日常生活全般を仏道修行と見る修行観は、序章「禅の基本思想」で触れたように、それまでの戒律で禁止されていた、畑仕事や営繕作業をみなで行う「普請・作務」の積極的な導入であり、禅の修行の最も特徴的な部分を担っているものなのである。

道元は、中国において禅を学んだ期間、このような出会いの連続の中で、伝統的な禅の修行観を学んでいった。そして、帰国後もそれを実践すべく、自らの意識転換の契機となったこの逸話を、『典座教訓』に記録したのである。

じつに、この修行に対する基本的概念を、道元は終生語り続ける。修行生活の中心を越前へと移し、さらに自身の教えを後世に伝える場として、大仏寺を永平寺と改名したその日に門下に示された『知事清規』においても、修行道場における営繕や菜園の管理、そして典座職などの一見雑用に見える作業が、極めて重要な修行であり、意識の高い僧侶が任命されるものであることが強調されているのである。

この意識こそが、道元が中国において学び取った禅の伝統的な立場の受容であると言うことができるであろう。このように、道元は、禅の伝統的な修行観に自身の基本的なスタンスを置いていたのである。

その意味からすれば、修行の形態は、「坐禅」という一つの形態に集約されることなく、むしろ個人個人それぞれに選び取られた方法によって遂行されるものとなってゆくことになる。

禅思想史の一般論としては、まさしくその通りで、じつは、このように、修行を坐禅から解放してゆく流れは、中国唐代の六祖慧能《えのう》の顕彰運動以降の、禅の修行観の特徴的な一面といえるのである。道元自身も、『正法眼蔵』「現成公案」巻において、「人もし仏道を修証するに、得一法通一法なり、遇一行修一行なり」と、原則的に、自ら選び取る修行を、坐禅に限定せずに表現している部分も存在している。

しかし、道元の宗風は、「坐禅」の実践を重視する方向へと集約されてゆく。そこで、その坐禅に対する意識について、次節において見てみることにする。

以上に見てきたように、日常生活全体を修行と見ながら、具体的な修行方法が思想的に坐禅を中心に構成されてゆくのはなぜなのであろうか。

2 なぜ「坐禅」なのか

その理由について、『弁道話』には次のような想定質問を用いた説明が見られる。

愚かな人は疑って言うであろう、「仏法には多くの門がある。どうして坐禅ばかりを勧めるのか（仏法におほくの門あり、なにをもてかひとへに坐禅をすすむるや）。」

示して言う、「それが、仏法の正門だからである（これ仏法の正門なるをもてなり）。」

質問して言う、「なぜ坐禅だけが正門なのか（なんぞひとり正門とする）。」

示して言う、「〔坐禅は〕釈迦牟尼仏が、正伝した得道へのすばらしい術であり、その他の諸仏諸祖すべてが坐禅によって得道されたからである。それゆえにいま、すべての人々に正しい入り口として示すのである（大師釈尊、まさしく得道の妙術を正伝し、また三世の如来、ともに坐禅より得道せり。このゆゑに、正門なることをあひつたへたるなり。しかのみにあらず、西天東地の諸祖、みな坐禅より得道せるなり。ゆゑにいま正門を人天にしめす）。」

ここでは、坐禅を「正門」とする理由として、それが釈迦牟尼仏の正しく伝えた「妙術」であること、諸仏如来およびインド・中国の祖師たちのすべてが坐禅により仏道を得ていることが挙げられている。釈尊の伝記には種々の伝承が存在するが、菩提樹下の禅定において覚者（仏陀）となったことを記しているものが多い。特に禅の燈史では、十二月一日から、七日七晩の禅定後、十二月八日未明に、明けの明星の輝くのを見て正覚を得たとし、それに倣って禅の道場では、十二月一日より一週間、坐り詰めの修行を行うことが定められているのである。その意味で、道元の説明は、禅宗一般に通用するものであるともいえよう。

この菩提樹下の修行の重視が、「只管打坐」に昇華してゆくのであるが、それには、道元が「正師」とあがめる如浄の存在が極めて大きな位置を占めている。

じつに道元にとって、この「只管打坐」を宗風の中心に置いたのは、如浄が、この「只管打坐」を強調したことが第一の理由となっているのである。道元の著述の各所にその説示が散見されるが、ここでは、『永平広録』巻六・第四三二上堂によってその内容を見てゆくことにしよう。

仏祖の家風は坐禅弁道である。如浄は言う、「足を組んで坐ることは古仏の教えである。参禅とは身心脱落である。種々の儀礼を用いず、ただ坐禅してこそ良いのだ」と。

（仏々祖々の家風は坐禅弁道なり。先師天童云く、「跏趺《かふざ》坐はすなわち古仏の法なり。

参禅は身心脱落なり。焼香・礼拝・念仏・修懺《しゅさん》・看経《かんきん》を要《もち》いず、祇（只）管に打坐して始めて得《よ》し」と。）

＊　＊　＊

仏仏祖祖家風、坐禅弁道也。先師天童云、跏趺坐乃古仏法也。参禅者身心脱落也。不要焼香・礼拝・念仏・修懺・看経、祇管打坐始得。

この上堂では、「仏祖の家風は坐禅弁道することである」ということが述べられている。その論拠として、如浄の言葉が引かれているのであるが、そこでは、「身心脱落」が、そのまま坐禅であり、焼香や礼拝などのその他の儀礼は不必要で、ただ坐禅すべきことを教導している。

「祇管」と「只管」は同義であるから、これがつまり、「只管打坐」の淵源ということになる。道元の著述におけるこの語の初出は、道元との直接の対話を記録した『宝慶記』である。そこでは、中国天童山において、如浄と膝を交えてこの教えを受けたことが記されている。

このように見れば、道元禅の中核である「身心脱落」および「只管打坐」は、如浄の教えに従ったもの、すなわち中国禅の全面的継承ということになる。しかし、管見では、中国禅の歴史の中で、「只管打坐」を標榜した祖師はいないし、如浄がこの言葉を発したという記録は、じつは道元が記録したものの中にしか存在しない。現地中国の弟子たちの編集した『如浄録』には、まったく見出すことができないのである。

この事実は、「只管打坐」のみに留まらない。その他の部分においても、道元の描き出す如浄の人物像と、その他の資料に見られる如浄像とが、かなり大きく相違しているのである。

道元は、如浄を正師と仰ぎ、その門下で修行を続けていた。その中で、如浄の言葉と自分自身の修行体験とを掛け合わせ、自分自身の歩むべき方向性を見出していったのである。そこには、当然如浄の禅には見られない思考も存在していた。しかし道元は、それを自分自身のオリジナルの思考とせず、あくまでも、そこへ導いてくれた師匠である如浄の教えとして受け止め、表現していったのである。

このように考えると、道元は、中国での参学で、自分自身の宗風を確立していったものの、自分自身で、それを中国禅の超克とは捉えていなかったこととなろう。つまり、道元は、中国において成立し、発展してきた禅の思想基盤を、如浄を通して受け継ぎながら、その枠組みにとらわれることなく、日常生活全体を仏道修行とする修行観を「禅」の修行であることを明確に認識する意味から、それを「只管打坐」へと集約していったのである。

このように道元は、自らの独自の禅風を確立しながらも、それをあくまでも師の如浄から継承したものと捉えていた。その点から見ると、道元にとって如浄から法を正しく受け継いだという「正伝」の意識は、道元禅の根幹ともなる、極めて重要な要素であることになる。次に、その「正伝」の定義について見てみることにしよう。

3 「正伝」について

この「正伝《しょうでん》」という概念を、道元は常に主張する。それは、この概念が道元禅の基本的な正統性を主張するものであるからに他ならない。

じつに、『正法眼蔵』では、「正伝」の語は九十例を超える。その他の著作にも散見され、道元の主張が、この「正伝」と、その日本への「初伝」にあると言っても過言ではなかろう。その中にあって、道元の「正伝」の意識を最も端的に示す例として、『正法眼蔵』「仏道」巻の冒頭の一節が挙げられる。

六祖慧能が、ある時大衆に示して言われた。「慧能から過去七仏まで四十人の祖師がいる」と。この言葉をさらに突き詰めると、過去七仏から慧能まで、四十の仏がいることになる。仏祖がたを数えるには、このように数えるのである。このように数えれば、七人の仏は七人の祖師ということになる。〔釈尊から慧能までの〕三十三人の祖師は三十三人の仏なのである。

六祖慧能の教えの根本はこのようである。これは、正しい後継ぎ〔のみに示された〕

仏の訓戒なのである。だから、正伝の（正統な）後継ぎのみ、その数え方を正しく伝えられたのだ。（中略）このゆえに、正法眼蔵（正しい教えの眼目）が、目の当たりに、正統な後継ぎへと代々伝え残されてきたのである。仏法のいのちとするところは、この正伝〔という事実〕だけなのである。

（曹谿《そうけい》古仏、あるとき衆にしめしていはく、慧能より七仏にいたるまで四十祖あり。この道を参究するに、七仏より慧能にいたるまで四十仏なり。仏仏祖祖を算数《さんじゅ》するには、かくのごとく算数するなり。かくのごとく算数すれば、七仏は七祖なり、三十三祖は三十三仏なり。曹谿の宗旨かくのごとし、これ正嫡の仏訓なり。正伝の嫡嗣《てきし》のみ、その算数の法を正伝す。（中略）このゆゑに正法眼蔵、まのあたり嫡嫡相承《てきてきそうじょう》しきたれり。仏法の正命、ただこの正伝のみなり。）

この一節の末尾にあるように、道元において、正しく伝わることこそが、「仏法の正命《しょうみょう》」なのである。まさしく、文字言句ではない「教えの継承」を重視する禅の伝統の上に、さらに、伝承そのものを本質と位置づけるという思想的な特色が示されている。

そして、さらに道元は、その伝承の具体的形式について特徴的な解釈を示す。それが傍線部である。

これは、六祖慧能が語った言葉とされているが、『六祖壇経』をはじめとした六祖の言葉の記録には見出すことができない。この「仏道」巻にのみ見出されるものであって、先の如浄の「身心脱落」と同じように、道元が、自らの思いを祖師に仮託して示したものである可能性が高いのである。

この言葉をもって道元は、法の伝承が、過去から現在へと、時間の流れに沿って行われるものではなく、「慧能より七仏へ」、つまり、現在から過去へと繋がっていることを表現しようとしている。

過去七仏から六祖まで四十人の仏であり、慧能から遡れば、そこに四十人の祖師がいる。単に時間の流れに沿って祖師が過去からいまに至るまで並んでいるのではなく、その逆を示すことによって、教えそのものの事実が、自分を出発点として認識されるものであることが示されている。

つまり、自分では、遠い過去の祖師たちの伝承を直接見聞きすることはできない。しかし、自分とその師匠、道元と如浄という、一対一の対面関係の上には、正法の伝授は体験として位置づけられる。そしてそこから、それを自己の信念の上に七仏まで遡らせることが、過去から未来へと連綿と続く正法の伝承の証であるというのである。

この信念を明確にたてることのできる者こそが、引用文中の「正伝の嫡嗣」である、というのが道元の論理といえよう。

このように、道元の禅風は、自分と師匠との間に存在する事実を敷衍し、その伝承を「信じる」ことによって成立しているのである。そしてその信念に基づいて、道元独自の「只管打坐」は、過去に遡って七仏に至る「正伝」の教えとして、禅の伝燈の上に位置づけられてゆくのである。

4 中国禅と道元禅の連続面と非連続面
——「磨塼作鏡」と「非思量」の話

道元は、如浄より正しく伝わった教えとして、身心脱落・只管打坐を標榜した。しかし、じつはそれは、中国の禅思想史の中に位置づけることのできない特徴を含むものであった。つまり、道元禅は、中国禅を基盤としながらも、それとは連続しない一面も持ち合わせているということになる。

この節では、その継承点と相違点を、公案解釈の点から具体的に解説してみることにしよう。

①「磨塼作鏡」の話

道元禅と中国禅の相違が、最も端的に示されるのが、この「磨塼作鏡《ませんさきょう》」の話である。これは、南嶽懐譲（六七七―七四四）と馬祖道一との間に交わされた、坐禅修行の心構えに関する問答である。

馬祖は南嶽の下でいつも坐禅をしていた。それを見て南嶽は尋ねた。
「そなたは、坐禅して何をなさろうとしているのか（大徳、坐禅をして什麼《なに》を図る）。」
馬祖「仏になろうとしております（作仏を図る）。」
その答えを聞いた南嶽は、一枚の敷き瓦を取って、石にあてて磨き出した。それを見た馬祖は質問した。
馬祖「敷き瓦を磨いてどうしようというのですか（塼を磨いて什麼を作す）。」
南嶽「磨いて鏡にするのだ（磨いて鏡と作す）。」
馬祖「敷き瓦を磨いて、どうして鏡にすることができましょうか（塼を磨いて、豈に鏡を成すことを得んや）。」
南嶽「敷き瓦を磨いても鏡にならないのなら、どうして坐禅して仏になることができるのかな（塼を磨いて、既に鏡と成らず。坐禅して豈に仏と成ることを得んや）。」

＊　＊　＊

大徳坐禅図什麼。一日、図作仏。師乃取一塼、於彼庵前石上磨。一日、師作什麼。師曰、磨作鏡。一日、磨塼豈得成鏡耶。師曰、磨塼既不成鏡、坐禅豈得成仏耶。（『景徳伝燈録』巻五「南嶽懐譲」章。『大正蔵』第五十一巻・二四〇頁下段）

この問答は、坐禅の実践に対する基本的な考え方を示したものとして、禅の思想史上、極めて重要なものと位置づけられている。とはいうものの、じつは、中国禅における解釈と、道元が『正法眼蔵』「坐禅箴《ざぜんしん》」巻において引用し解説する方向性とが正反対の様相を呈しているのである。それがどのようなものか、以下に見てゆくことにしよう。

(ア) 中国禅における解釈

まず、中国禅的文脈での解釈を紹介しよう。

馬祖道一は、序章でも触れたように、「即心是仏（ありのままの心こそが仏）」を標榜し、日常生活全般を仏道修行として捉えてゆくべきことを主張した。生活全体を修行として重視するからには、その中に、特別それだけが高い効果を持つような修行方法を設定することは、ある意味で自己矛盾に陥ってしまうことになる。この問答は、そのような文脈の上で成立したものなのである。

つまり、この問答では、南嶽懐譲は、弟子の馬祖が仏となるために坐禅をしていることに対し、その意気込みを「敷き瓦を磨いて鏡にしようとするに等しい〔無駄な〕努力である」と退けているのである。もちろん、坐禅の意義をまったく評価しないことはあり得ない。しかし、それを金科玉条のごとく抱きかかえることを否定しているのである。

このように、坐禅重視の考え方を抑えることは、逆にその他の行為、つまり、日々の日常生活の一つ一つが仏道修行であることを認識させるためのものであったと解釈される。

この問答は、このように、坐禅にこだわることなく、日々の生活全体が修行であることを示したものなのである。

歴史的な流れを見ると、この「生活全般の重視」が、その後の禅の展開に大きな影響を与え、馬祖の弟子の百丈懐海による、禅宗独自の生活全般にわたる規範「清規」の成立へと向かうのである。

（イ）道元の解釈

道元は、『正法眼蔵』「坐禅箴」巻に、この問答を引用し、詳細な解説を付すことによって、自身の坐禅に対する考え方を説き示しているが、それは、先に見た中国禅における、「坐禅以外の修行の重視」とは一線を画する。

まず、「坐禅箴」巻で、この問答は以下のような書き出しで始まっている。

江西大寂禅師（馬祖道一）は、南嶽大慧禅師（懐譲）に参学していたおりに、〈師から〉心印をしっかりと受け取って以来、常に坐禅をしていた。

（江西大寂禅師、ちなみに南嶽大慧禅師に参学するに、密受心印よりこのかた、つねに坐禅す。）

この「心印をしっかりと受け取る（密受心印）」とは、師匠から仏法の本質を受け取った、つまり修行を完成し、一人の祖師として認定されたことを意味している。馬祖は、その認定を受けた後にも「常に」坐禅していたというのである。そして、その「悟った後の坐禅」について、師の南嶽との間に問答が交わされるというのが、この「坐禅箴」巻の設定となっている。ところが、馬祖が悟っていたという設定の下でこの問答が行われたことを記す資料は、道元以前にはまったく見当たらない。つまり、設定の変更は、道元自身のオリジナルということになる。そしてこの変更によって、この問答の意味は大きく変わってくる。

馬祖の坐禅の出発点が変わっていることは、すでに鏡島元隆氏『道元禅師と引用経典・語録の研究』（木耳社、一九六五年）において指摘されているところであるが、馬祖が、祖師として認められている、つまりすでに仏としての認識を備えているという前提に立てば、そこで行われている坐禅は、「仏となるための修行」ではなく、「仏としての修行」だったということになる。

じつに、馬祖の坐禅の前提を変えることによって、南嶽が敷き瓦を磨いたことの意味も変わってくる。これは先に見たような「不可能なこと」を示すためではなく、馬祖の実践している「仏としての坐禅」を、別の形で示したものとなるのである——「瓦として完成した形であっても、それを磨き続けなければならない」と。

道元が、この問答で示したかったのは、坐禅は「仏となる」ための修行ではなく、「仏として」不断に行うべきものである、ということであった。そしてこれは、「坐禅は仏としての自己表現そのものである」という、「修証一等」あるいは「修証一如」という熟語で表現される、道元禅の基本的特徴の一つなのである。

このように、道元は、ある部分では、禅の伝統的な「問答」という形式を用いつつ、その本文に若干の改変を行うことにより、自分自身の教えの表現として内容を転換しているのである。

このように、中国禅から道元禅への転換を、転換以前の伝統的な問答を解釈し直すことによって表現する手法は、『正法眼蔵』の随処に見受けられる。このような、伝統的なソースと、それに対する革新的な解釈が一体となって存在しているところが、道元禅の特徴であり、『正法眼蔵』の難解さの要因となっているといえよう。

②「非思量」の坐禅

前項に見たとおり、「仏道修行は仏としての自己表現である」ということを、道元は「磨塼作鏡」の話において、問答の前提を変更し、従来とは違う意味づけを与えることによってそれを表現していた。

このように問答の前提を変更しなければならなかったのは、馬祖門下においては、日常生活すべての行動を平等に修行とし、坐禅をことさら重視していなかったからである。しかし、馬祖と同時期の、石頭希遷《せきとうきせん》（七〇〇—七九〇）という禅者は、あくまでも修行の中心に坐禅を据えるべきことを主張していた。この石頭の弟子の薬山惟儼《やくさんいげん》（七四五—八二八）という禅者に、次のような問答が残されている。

薬山が坐禅をしていたとき、ある僧が質問をした。
僧「ごつごつと（大岩のように不動で）坐禅して、どのようなことを考えておられるのですか（兀兀地《ごつごつち》、什麼《いか》んが思量す）。」
薬山「何も考えないところを考えておる（箇の不思量底を思量す）。」
僧「何も考えないところを、どのように考えるのですか（不思量底、如何が思量す）。」
薬山「非思量《ひしりよう》だ（非思量）。」

＊　＊　＊

師坐次、有僧問、兀兀地思量什麼。師曰、思量箇不思量底。曰、不思量底如何思量。師曰、非思量。（『景徳伝燈録』巻十四「薬山惟儼」章。『大正蔵』第五一巻・三一一頁下段）

これは、「非思量」の話と呼ばれるが、道元禅の中心となる「只管打坐（ただ坐禅する）」という坐禅観を表現するものとして、『普勧坐禅儀』や、『正法眼蔵』「坐禅儀」巻・「坐禅箴」巻など、道元の坐禅観を示す重要な著作において必ず用いられている。

しかし、その内容は、読んだだけではまったく意味の通らない、まさしく〝禅問答〟そのものといった趣を呈している。

僧は、坐禅をしている薬山に対して、その意味を問う。師と弟子の位置関係は変わっているが、シチュエーションとしては、先の「磨塼作鏡」と同じといえる。

ちなみに、僧の質問にある「兀兀」とは、大きな岩などが、ずしりと動かずにある様子を示す言葉で、それを坐禅している姿に当てたものである。

質問に対する、「何も考えないことを考えている」という薬山の答えは、いったい何を意味するのか。「何も考えていない」でもなく、「集中している」でもない、「何も考えない」という対象を「考える」というのである。

それがどんな考えなのか、さすがにこれだけでは、皆目見当がつかない。質問した僧も同様で、「何も考えないことをどうやって考えるのですか」と質問を続ける。

それに対する答えが、「非思量」なのだが、これは直訳すると「思量（考えること）ではない」となる。

問答の流れからすれば、これは、「何も考えないことを考える」の言い換えでなければならない。古来より、この「非思量」は、その方向で掘り下げられてきた。そして、最終的に、「ごく普通に頭を働かせること」と解釈されるに至っている。

辞書的にいえば、この「非思量」は、「思量しながら、思量に伴う執着（とらわれ分別すること）を脱したところ」といった表現となる。しかし、そのように硬い表現を使わずとも、これは、「ごく普通に考える」ことなのである。つまり、何かに集中したり、逆に、一切の思考を停止してしまったりするのではなく、自分の普段の思考を継続することが「非思量」だというのである。

なぜこのように解釈されるのかについて、まず、心が一切働いていない「不思量」の状態を考えてみよう。それは、とらわれのない状態のように思われるものの、じつはその究極の状態は生命活動の停止であり、自己把握を目指す禅の目指すところとはなりえない。その逆に、何か一点に思念を集中させることが良いのかといえば、これもまた、心が一つところに留まるという意味において、「自由な活動」とはかけ離れたものとなってしまう。一方で、心が散乱している状態が、良い評価とならないことは明白であろう。

この、心の働きの停止でもなく集中でもなく、ましてや拡散や散乱でもない、最善の心の置き方を、薬山は、「非思量」という一言で表現したというのが最終的な解釈となっている。

この心の状態について、喩えを用いて説明してみよう。

まず、大きな川がゆったりと流れている様子を思い浮かべていただきたい。

大きな川は、変わらぬ様相を示しながら流れる。それは一見すると、停止した風景のようにも見える。しかし、実際には、そこに流れる水はけっして留まることなく、一定の速さを保ちながら、常に新しく入れ替わっているのである。

そこにさらなる「安定」を得ようと流れをせき止めると、水はそこに留まるが、澱んで濁る。確かに水は留まるが、それは川の自然な姿とはいえない。心の流れも同じで、動きを止めて一カ所に留まろうとするのは、自然なあり方に反するものといえる。それゆえに、何か特別な思いに心を留めようとすることなく、常に自然な心のあり方を維持することを心掛けるべきだというのである。何も考えないことを考える「非思量」とは、このような、自然な心の流れの維持だったのである。

この自然な心の流れを作り出すことは、あくまでも自然なあり方であるがゆえに、短い間であれば可能かもしれない。しかし、現実的には、それを持続させるとなるとなかなか難しい。じつは、坐禅の深さとは、遠くにあってそこにたどり着きにくいものではなく、普通の状態を「持続すること」の難しさにあるといえるのである。

結果的に「非思量の坐禅」とは、「自分自身のありのままを、坐ることによって表現する」ということになる。これが、坐禅中心の宗旨ということになるのであるが、じつは、『無門《むもん》関《かん》』などで強調される、「無」の探求も、突き詰めれば、この考え方と極めて近いものと考えられる。つまり、「無になる」とは、意識や身体そのものを無にすることではなく、思考による分析や知的把握の限界を認め、それらの呪縛から解き放たれることなのである。このように、「心のとらわれ」から自由になることを目指すという意味では、薬山の言う「非思量」も、「無」の探求も、目指すところは同じということになるといえよう。

道元は、すでに述べたように、著述の各所でこの薬山の「非思量」を取り上げ強調することによって、坐禅中心の宗風を作り上げていった。そしてそれは、「只管打坐」へと収斂することになるが、その根底には、禅一般に通じるこの自己把握が明確に息づいているのである。

第五章

歩むべき道の確信

前章で見たように、道元禅は、中国禅を母体としつつ、そこから脱却し、自分自身が完成された状態にあるという認識を継続的な修行の上に置くという「修証一等」へと展開していったものであった。

そしてそれは、道元が正師と仰ぐ如浄の下で築き上げられたものであった。それが、「身心脱落」である。そのときの心境を、道元は、『弁道話』において、「私の生涯をかけた参学の大きな部分がここで終了した（一生参学の大事ここにをはりぬ）」と述懐している。このことからすれば、この体験は、一般的に「悟り」と呼ばれる感覚に近いものであったと考えられよう。しかし、道元はあえてそれを「悟り」ではなく、「身心脱落」と表現するのである。また、その具体的な実践は「只管打坐」というタームで表される。

これは、第三章で紹介したとおり、道元が如浄の教えとして伝え残し、実践したものである。「身心脱落」は、禅修行における境涯を述べた言葉であり、「只管打坐」は、その具体的実践のあり方を表現したものということができるであろう。この章では、この「身心脱落」および「只管打坐」を中心に解説し、その後、道元の「悟りの定義」について考えてみることにしたい。

1 「身心脱落」

（ア） 語義について

この言葉は、それまでの経典や禅籍には見つからない。道元の天童山における参学記録である『宝慶記』には、師の如浄の教えとして記録されているが、如浄自身の説法記録である『如浄録』には見当たらないことはすでに触れた。道元自身が、自らの宗教的な確信を表現するため、独自に創り出した言葉なのである。

文字通りの語義は「体と心が抜け落ちること」である。しかし、その意味するところは、自分の身心から煩悩が「抜け落ちる」とか、あるいは、現実の自己を「脱ぎ捨てる」というものではない。

この「脱落」ということについて、『正法眼蔵』「現成公案」巻には次のように示されている。

仏道を学ぶことは自己を学ぶことである。自己を学ぶとは自己を忘れることである。自己を忘れるということは世界中の事象に（自己が）証明されることである。世界中の事象に証明されるとは、自己の身心、他者の中の自分という身心を〝脱落〟させることである。

（仏道をならふといふは自己をならふなり。自己をならふといふは自己をわするるるなり。自己をわするるといふは万法に証せらるるなり。万法に証せらるるといふは自己の身心および他己の身心をして脱落せしむるなり。）

ここでは、仏道修行は、まず「自己をならふ（自分を学ぶ）」ことであるとされている。そしてそれは、そのまま「自己を忘るる」ことであるという。さらにこの「忘るる」ことは、自己の否定ではなく、「万法に証せらるる」こと、つまり周囲のすべての存在によって自己が証明されることであり、それが自他の「脱落」だとされているのである。

つまり、「脱落」とは、表面的な汚れを取り除いて内在する本体を顕現させることでも、また、自己という存在を否定して空無に帰せしめることでもないことが分かる。自分自身が、他の一切の事物（万法）によって証明されること、そしてそれによって、自分自身のあり方が明確に把握できた状況を「脱落」と名づけているのである。

また、それが「自己の身心および他己の身心」を「脱落」させることだと説かれているのは、複数の他者の「身心」に、同時に「脱落」が起こるということではなく、「脱落」という事態においては、自分と他人という区分や対立が存在しないことを示したものといえよう。

このように、世界のあらゆる事象が、その中にいる自分を証明してくれる、そしてそれによって、自分という枠組みが消え去った状態が「脱落」なのである。

いずれにせよ、この言葉の持つニュアンスは、仏教一般で言われる「悟り」に極めて近い概念といえる。にもかかわらず、道元が、あえて「悟り」ではなく、「身心脱落」と表現したのは、「悟り」という言葉が、修行の終着点といったニュアンスを持つことによる。修行の終着点と考えると、悟った後には修行は不必要となる。道元は、このように解されることを恐れ、自らの宗教的確信を「悟り」と表現しなかったのである。

この意識は、『正法眼蔵』「大悟《だいご》」巻の草稿本（真福寺本）に見える「悟り」の定義に明確に示されている。

悟ったといっても、それは一時的なはたらきにすぎない。
（たとひ大道を悟尽すとも、なをこれ暫時《ざんじ》の伎倆《ぎりよう》なり。）

このように道元は、「悟ったという体験」を暫定的な状態と定義することによって、「悟り」を過大評価することの危険性を回避しようとしていたのである。

この「一時的なはたらき」であることの気づきが、先の、自分という枠組みが消え去った「脱落」という状態において認識されることが、「身心脱落」だったということができるであろう。

このように体験的な「悟り」に対して慎重な姿勢を取るのには、他に、「悟り」あるいは

「見性」を強調する看話禅への批判の意味もあった。中国宋代の大慧宗杲に始まる看話禅は、あえて、自分を「迷っている」立場に置き、話頭（公案）に全身全霊を集中し続けることによって得られる激発的な「悟り体験」を重視した。これは、自分の本質を見るという意味で「見性」とも表現されているが、この看話禅によって大慧は、実践修行に積極的価値を見出すことができなくなっていた宋代禅の欠陥を克服した。しかし、道元は、これを禅の基本理念に反するものとして強く退け、継続的に修行することによってのみ自己の本質が認識されることを主張したのである。

（イ）如浄の「心塵脱落」から道元の「身心脱落」へ

先に見たように、道元の「身心脱落」は、中国伝統の禅思想の弱点（坐禅の希薄化）の克服と宋代禅（看話禅と黙照禅）への反発によって作り上げられていった。じつは、師の如浄に対しても、道元は、その教えを自分なりに積極的に転換させることにより、この「身心脱落」を〝作り上げ〟てきたのである。

再三述べてきたように、この言葉は、先師如浄より教示された「正伝」そのものとして意識され、表現されている。しかし、実際には、この語は道元の著述のみに見出され、『如浄録』をはじめ、如浄の言行記録には一切存在していない。この事実に対し、従来は、この言葉が、道元と如浄が膝を交えて行った質疑応答を記録した『宝慶記』に頻出することから、如浄が、道元に対して個人的に語った教説だったのではないかと推測されてきた。

この点に関して、高崎直道氏が一九六九年刊行の『古仏のまねび〈道元〉』（角川書店刊、一九九七年に角川ソフィア文庫として再刊）において、『如浄録』に一カ所、「心塵脱落（心の塵が抜け落ちる）」（『大正蔵』第四十八巻・一三〇頁下段）という語があること、また如浄の法嗣《はっす》の無外義遠（生没年不詳）が寄せた道元の語録『永平元禅師語録』（略録）の序にも「心塵脱略」の語が見えることに注目し、道元の「身心脱落」は「心塵脱落」の聞き間違いではなかったかと問題提起し、大きな議論となった。当初は、中国語の発音では、「心塵」と「身心」は大きく異なることなどが指摘され、批判が噴出したが、その後、道元の語る如浄像と実際の如浄像との相違が詳しく解明され、また浙江地域では両語の発音が近似しているという指摘などもあって、現在では、如浄の「心塵脱落」を道元が創造的・発展的に「身心脱落」と聴き取ったという解釈がなされている。

さらに、「身心脱落」の成立背景を考えるとき、如浄の「心塵脱落」以外に影響を受けた可能性の高い言葉として、薬山惟儼の語として伝わる「皮膚脱落」に触れておかねばならない。それは『馬祖語録』に、次のように記録されている。

ある日、馬祖が〔薬山に〕質問した、「君の最近の見解はどのようか」。薬山、「皮膚はすべて脱け落ちて、あるのはただ一真実だけです」。馬祖、「君の見解は心体とピタリと一つになっており、手足の先までゆきわたっていると言える。こうなったからには、三本の竹縄を腹にまきつけ（俗世から身を隠し）、どこでもいいから山の中に住みなさい」。

（一日祖、之に問うて曰く、子近日見処作麼生。山曰く、皮膚脱落し尽して、唯だ一真実のみ有り。祖曰く、子の所得、謂つ可《べ》し、心体に協い、四肢に布《し》くと。既然《すで》に是《かく》の如し、三条の篾を将《も》ち来たって肚皮を束取して、随処に住山し去れ。）

＊　＊　＊

一日祖問之曰、子近日見処作麼生。山曰、皮膚脱落尽、唯有一真実。祖曰、子之所得、可謂協於心体、布於四肢。既然如是、将三条篾来、束取肚皮、随処住山去。（入矢義高編『馬祖の語録』禅文化研究所、一九八四年、一〇八～九頁より。現代語訳および傍線は引用者による。）

ここに見える「皮膚脱落し尽して、唯だ一真実のみ有り」（傍線部）という表現は、『大般涅槃経』（北本）巻三十九「その樹は朽ち果て、樹皮や枝葉がみな落ちきって、ただ真実だけがそこにあった。（其樹陳朽、皮膚枝葉悉皆脱落、唯真実在）」（『大正蔵』第十二巻・五九七頁上段）に淵源を持ち、不必要な皮相的部分が剥離すること、さらにそれによって内在する真実が明らかになることを意味していた。しかし馬祖が、「心体とピタリと一つになっており、手足の先までゆきわたっている（心体に協《かな》い、四肢に布《ゆきわた》る）」と評していることからすれば、薬山は、何かを捨て去ったことではなく、自分自身に対する何らかの〝気づき〟をこの言葉で表現したものと考えるべきであろう。

道元も、この語の存在を意識し、『永平広録』巻六・第四二四上堂において、「古徳（薬山）は皮膚が脱落し尽くすと言った。先師如浄は身心脱落だと言った。では、ここ（永平寺）ではどうだろうか（古徳云、皮膚脱落尽。先師云、身心脱落也。既到這裏且作麼生）。」と、「いまここ」における独自の表現について問題提起するために、真実の表詮の個々のあり方の一つとしてこの言葉を「身心脱落」と並列に扱っている。

ここでは、「身心脱落」は、あくまでも如浄の言葉として扱われているが、いままで述べてきたとおり、実際は、それがまさに道元独自の「いまここ」の表現であった。道元が、「脱落」が終極の到達点でなく、むしろ、「只管打坐」という修行の無限の継続こそが、自己自身の本当のあり方を表現することになるという、未来へ向かっての方向性の確信を示すために、「皮膚脱落」でもなく、「心塵脱落」でもない、「身心脱落」という表現を創り出し、用いたのである。

ここに、道元禅が、一面では中国禅の正しい継承者であるとの意識の下で、一面では、そこから脱却することによって成立したという両面性を併せ持っていることが理解できるであろう。

2　只管打坐――〝ただ〟やるということ

次に、身心脱落に対する具体的実践として「只《し》管《かん》打《た》坐《ざ》（祇《し》管打坐）」について解説しよう。

「只管打坐」という言葉は、国語辞典などでは、「ひたすら坐る」と説明されている。さらに念入りに「余念を交えず、ひたすらに」と書いている辞書もある。しかし、「只管」は、中国語では「只没・只麼」と同じく、単に「ただ」という意の副詞であって、この言葉自体にはプラスの意味もマイナスの意味もない。たとえば、中国の古い小説には、「你《なんじ》、只管に啼哭する不要《なか》れ（お前、泣いてばかりいるのではない）」、といった使われ方も見える。したがって「只管打坐」といえば、要するに「ただ」坐る、ということである。

　これを受けて、道元は、『正法眼蔵』「坐禅箴」巻において、「ただ坐る」というところに、次のような意味を読み込んでいる。

> 仏道を学ぶための確かなアプローチは、坐禅修行を行うことである。その旗印となる教えの根本には、仏になることを求めない、仏としての修行（行仏）がある。
> （学道のさだまれる参究には、坐禅弁道するなり。その榜様の宗旨は、作仏をもとめざる行仏あり。）

前章の「磨塼作鏡」の話でも触れたとおり、道元禅は、現在の自分はすでに完成された状態、すなわち〝仏〟としてあり、その営みとして坐禅がある、とする。少し難解ではあるが、これは坐禅という修行の持続によって迷いを克服し、その成果として、悟りを開き仏となる、という伝統的な坐禅観を反転したものに他ならない。言い換えれば、悟りを目指さず「ただ」坐る、ということである。

駒澤大学で坐禅の指導をしておられた酒井《さかい》得元《とくげん》師（一九一二―一九九六）は、坐禅実習における提唱で、よく「坐禅してもナンにもならん」と言われていた。これは、けっして坐禅を否定した発言ではない。「坐禅してもナンにもならん」とは、いまの自分を「そのままに」認識し、表現するものだからである。それゆえに、何か特別な効能を期待しても、そこには何もない。それが「ナンにもならん」の真意である。そして、だからこそ、しっかり坐禅しなければならない、ということなのである。

この、坐禅に対する捉え方の基本として、道元は、『弁道話』の冒頭の部分において次のように示している。

諸々の仏や如来は、みな、妙なる教えを一筋に伝え、この上もない覚《さと》りを体得するのに、最高で廃れることのない術《すべ》がある。これは、仏が仏に伝授して、誤りのない状態であれば、自受用三昧（自らの明らめた境地を自ら受容する三昧）がその標準である。その三昧の中で自由に振る舞うには、端坐参禅（姿勢を正して坐り、自己を閲《けみ》する）を正門とする。この法《おし》え（仏法）は、人々の本質の中に、豊かに備わっているものではあるが、〔正しく〕実践しなければ顕れないし、しっかりと証《さと》らなければ、体得することはできない。

（諸仏如来、ともに妙法を単伝して、阿耨菩提を証するに、最上無為の妙術あり。これただ、ほとけ仏にさづけてよこしまなることなきは、すなはち自受用三昧、その標準なり。この三昧に遊化するに、端坐参禅を正門とせり。この法は、人々の分上にゆたかにそなはれりといへども、いまだ修せざるにはあらはれず、証せざるにはうることなし。）

ここにおいて道元は、「姿勢を正して坐ること（端坐参禅）」という一つの実践形態を、自受用三昧の境地（仏の境涯にあって自由であるための正しいあり方）とする。『弁道話』のこの後の内容のほとんどが「なぜこれが正門なのか」という理由づけに費やされることを考えれば、まさしくこの一点が、道元の主張の中心といえるであろう。

さらにこの一節には、もう一つ道元思想を特徴づける内容を見出せる。それは、傍線部にあるように仏法を、本来的にすべての人に備わっているとしながらも、その状態をそのまま是認するのではなく、「実践しなければ顕れないもの」と定義することである。

つまり、「本質」としては仏ではあるが、それは「実践している状態」であってこそ顕れるという。これは、すでに序章においてダイナモライトの喩えで解説したが、自己の本来性を強調しながら、同時に修行の存在価値を見出そうとするものであり、本来仏であることの上に胡坐をかいて、積極的な修行の意味を見失っていた、当時の中国禅者の一部や日本の天台本覚法門に対するアンチテーゼであった。

この思想の下に、自分自身のあり方として「ただ」行われるのが、「只管打坐」なのである。

さらに、この「脱落」としての修行が、坐禅だけに留まらず、他の修行形態へも敷衍される一例を示しておこう。それは、『正法眼蔵』「遍参《へんざん》」巻の次の一節である。

諸国を行脚する修行は、そのままに祇管打坐、身心脱落〈の実践〉にすぎない。
（遍参はただ祇管打坐、身心脱落なり。）

もちろん、その中心にある「坐禅」は揺るぎなき存在である。しかし、ただそれを行うということにこだわり、一点に凝り固まって身動きしないことではない。それでは、前章の「非思量の坐禅」において触れたところの、川の、自然な流れを遮り、心に澱みを作ることになってしまうからである。

繰り返しになるが、道元は、中国禅の伝統の上に、日々の生活をも仏道修行とし、そこに大いなる価値を置いた。その中で、仏としての自己を自覚し、行くべき道を見定めることが「身心脱落」であり、自ら選び取った実践をもってそれを表現してゆくことが「只管打坐」ということになる。もちろん、これらの概念の安易な普遍化は避けなければならないが、しっかりとその根底を押さえつつ、自らの表現と実践を模索する、それが道元禅の豁達《かったつ》なところであるといえる。これについては、さらに「現成公案」という言葉を中心に詳しく述べてゆくことにするが、その前に、この「只管」の、現代における表現の一例を紹介してみることにしよう。

3 Journey is the reward.——スティーブ・ジョブズと禅

もちろん、「只管打坐」は、坐禅という一つの修行形態から離れて存在することはあり得ない。「只管打坐」の日常生活全体への敷衍は、これがあくまでも坐禅を中心とした僧堂生活を前提に示された概念が基盤となっている。しかし、それを踏まえつつも、叢林修行を目指しながら、それをなしえなかった人々の中に、自らの社会生活の中に、概念としてそれを取り入れ、活かしていった跡形を見出すことができるのである。

いまここで、そのような人々の代表として取り上げるのは、アップル社の創始者、スティーブ・ジョブズ氏（一九五五—二〇一一）である。

ジョブズ氏が禅に深く傾倒していたことはよく知られている。ティーンエイジャーの頃から禅に興味を持ち、その後、終生師と仰いだ乙川弘文《おとかわこうぶん》師（一九三八―二〇〇二。一時期知野《ちの》家に養子に入り、知野姓を名乗っていた）に出会う。その乙川師も、また乙川師をアメリカの禅センターに呼び寄せた鈴木俊隆《すずきしゅんりゅう》師（一九〇五―一九七一）も、いずれも曹洞宗の僧侶であった。

鈴木老師の著書 *Zen mind, Beginner's mind* はアメリカの参禅者たちの間で三十年以上にわたって広く読み継がれ、世界各地で翻訳出版されている名著で、ジョブズ氏もこの本から深く影響を受けたと言われているが、その中に次のような一節がある。

修行が、悟りを得る手段にすぎないのであれば、実際には悟りを得る道などないことになります。私たちは、目標へ到着しようとして、道の意味を失ってしまうのです。しかし私たちの道をしっかりと信じていれば、あなたはすでに悟りを得ているのです。道を信じるとき、悟りはそこにあります。（鈴木俊隆著・松永太郎訳『禅マインド　ビギナーズ・マインド』サンガ新書、二〇一二年、二〇一頁）

この一節には、目標を設定せず、いまの自分を明確に把握するための修行、すなわち「只管（ただ）」行う修行の理念が明確に示されている。このような鈴木老師の言葉や乙川老師の指導を通じて、道元の教えが、ジョブズ氏の生き方に浸透していったであろうことは、想像に難くない。氏はかつて出家して永平寺で修行したいと、乙川老師に訴えたことさえあったという。結果的にその望みは叶わず、ビジネスの世界に身を置くことになるが、その後の人生の中で、ジョブズ氏は、次のような言葉を残している。

Journey is the reward.（旅路そのものが報酬だ）

この言葉は、ジョブズ氏の人物像を描き出した本のタイトルともなっている。意味するところは、行為のあとに成果がもたらされるのではなく、行為そのもの、過程そのものがそのまま成果だということになる。いわば旅路の一歩一歩がそのつど到達であるとするこの一句は、まさに、先ほどの鈴木師の言葉を、ジョブズ氏なりの「只管打坐」の表現であるように思われる。

この「只管打坐」の教えのように、手段や目的を設定せず、行為そのものを「ただ」やるという姿勢は、数値化による比較と競争という現代の風潮とは相容れないところも多い。しかし、永平寺での修行を断念し、まさにその数値や結果を求められる世界に身を置いたジョブズ氏は、むしろ逆にその「ただ」やる、という一点に立ち返ることで、大きく花開いた。それは、その教えによって単なる利潤追求に留まることなく、自らのなすべきことを追求するという、実践そのものの健康な生命を全うできたからに他ならないのではなかろうか。

このように、「只管打坐」の現代的表詮としてジョブズ氏の言葉を見ると、それ自体が、「現在位置」における明確な自己把握と、その表現であることを見て取ることができる。もちろん、これはジョブズ氏が、仏道修行者ではなく、経営者として生きていたことにもよるのであるが、じつは、この「いま、この瞬間の〈完成した〉自己を表現する」ことが、道元禅の原点としての、「悟り」の定義へと繋がってゆく。

じつはそれが「現成公案」という考え方といえる。次節では、この言葉そのものを表題とした、『正法眼蔵』「現成公案」巻によって、道元の悟りの定義について見てゆくことにしたい。

4 「現成公案」と道元の「悟り」

『正法眼蔵』「現成公案」巻においては、人が仏法を理解し実践することについて、次のように説かれている。

人がもし仏道を修行し体得しようとしたならば、一つのあり方を得てそれを〈徹底的に〉理解し、一つの修行に出会ったら、それを〈一途に〉修めることになる。

（人もし仏道を修証するに、得一法通一法なり、遇一行修一行なり。）

前節までに見た、いま、この瞬間の〈完成した〉自己を表現すること、そしてその状態を維持するために選び取った行為を実践し続けることが、この巻では、「一つのあり方を得てそれを〈徹底的に〉理解し、一つの実践に出会ったらそれを〈一途に〉修める」という表現でまとめられている。

道元において、最終的に坐禅に集約され、「只管打坐」と表現される主張が、ここでは、「一つを選択すること」として一般化された形で示されているのである。

このような一般化された表現は、この巻の撰述背景に由来する。当初、この巻は、先述したように道元が興聖寺を開いた天福元年（一二三三）に、太宰府在住の在俗の弟子、楊光秀に与えた法語であった。つまり、この巻は、修行道場において修行に専念する者に対してではなく、在俗の弟子に対して、いかに仏法を捉えて、社会の中で生きるべきかを説いた巻だったのである。

この巻は、その後、道元自身によって晩年に「拾勒（拾いあげて整える）」され、六十巻本および七十五巻本系の『正法眼蔵』の冒頭に置かれることになる。これは、この巻が道元禅への導入として位置づけられていた可能性を示すものといえよう。

そのような広い対象を意識していたからか、この巻では、「坐禅」という言葉が一度も用いられていない。それに代わって、あるいはその前段階として示されるのが、「得一法通一法、遇一行修一行」なのである。

さらにこの考え方が、「現成公案」巻では、「悟り」の捉え方に基づいて語られてゆくが、それはじつに特徴的なものである。以下に見てゆくことにしよう。

5 現成公案の意味

まずここで、題名の「現成公案」について触れてみたい。

この言葉は、中国唐代の禅者である睦州《ぼくしゅう》道明《どうみょう》（陳尊宿《ちんそんしゅく》。生没年不詳）の次の機縁によって知られている。

師（睦州）は、僧がやってくるのを見て言った、「案件が現れた（見成公案）、君には、棒打ち三十回の罰は許してやろう。」

（師、僧の来るを見て云く、見成公案、汝に三十棒を放《ゆる》す。）

＊　＊　＊

師見僧来云。見成公案放汝三十棒。（『景徳伝燈録』巻十二「陳尊宿」章。『大正蔵』第五十一巻・二九一頁中段）

この「見成公案」は「現成公案」と同義である。もとは裁判用語で、「いまそのままの状態が、判決を待つ案件である」という意味。睦州は、相手の僧の出方を見て、「いまのあり方」に「判決」を下したのである。それは、「無罪とはいえないが、まあ罰を与えるほどではない」といったものであったといえよう。

これ以降、「見成公案」あるいは「現成公案」の語は、ある一時の状態を判別するときの用語として禅籍に散見されるようになる。

道元は、この言葉を『正法眼蔵』の一巻の題名として採用したのであるが、この巻には、睦州の語の引用はなく、言葉の定義も、その瞬間の状況に対する判定という基本はそのままながら、若干の意味的展開を有するものとして用いている。

たとえば、鏡島元隆氏『講座道元Ⅰ　道元の生涯と思想』第一章「道元の思想」第三節「現成公案の意味」（春秋社、一九七九年）は、それを次のようにまとめている。

①公案とは、道元の意味においては古則公案の意味ではなく、動かすことができない規範、法則、真理という意味である。したがって、現成公案とは、見成せるものはすべて絶対の真理である、ということである。（一三頁）

②すべてのものは一時のすがたであり、仮りのすがたであって、夢幻空華のごときものであるが、現成公案からすれば、この一時のすがたのほかに永遠はなく、仮りのすが

たのほかに真実はないのである。（二一二頁）

すなわち、道元における「現成公案」は、第一に、現前する諸事象をそのままに真理の表現と見るという、絶対的な現実肯定に立つものとされている。つまり、先に見た、睦州の用例をさらに積極的に「現状の肯定的解釈」として用いているのである。

ただ、その現実は、無批判に真理として認定されるのではない。それは、あくまでも「仮りのすがた」、つまり移ろい変化するものであり、その「変化し続けるところ」こそが、真実のすがたであると考えるべきものであるというのである。

これは、「いま」のあり方を、無批判に肯定することによって、現状に甘んじようとする後ろ向きな考え方を抑えたものである。すでに見たように、道元は、自己の境涯に安住しようという意識を持たないようにするため、自己の得た宗教的確信を「悟り」ではなく「身心脱落」と表現した。この「現成公案」という語においては、その絶対性の否定を、自己の境涯のみではなく、周辺世界のすべてのあり方へと敷衍して表現したものということになる。

このように、「移ろいゆく状態」を、そのまま「現時点における真理」と認定することが、道元の特徴的な「現成公案」の定義なのである。

では、この「移ろいゆく状態を真理とする」とは、どのようなことか。次の「現成公案」巻の一節がそれを具体的に例示している。

魚が水の中を行くのに、どこまで行っても水に際限はなく、鳥が空を飛ぶのに、いくら飛んでも空に際限はない。そうではあるが、魚も鳥も、昔から水や空を離れない。必要性が大きいときは大きく使い、少しだけ必要なときは少しだけ使うのである。(中略)
そうではあるが、水〔全体を〕究め尽くし、空〔全体を〕究め尽くしてから水や空の中を行こうと思う鳥や魚がいたとしたら、水にも空にも、行くべき道を得ることができず、居場所すら失ってしまう。この〔必要性に応じて使うという〕ところを得れば、その行為がそのままに、現成公案(限定された真理として出現)する。それによって行くべき道を得れば、その行為がそのままに現成公案(限定されたところに現れる真理)となるのである。
(魚、水を行に、ゆけども水のきはなく、鳥、そらをとぶに、とぶといへどもそらのきはなし。しかあれども、うを・鳥、いまだむかしよりみづ・そらをはなれず。ただ用大のときは使大なり、要小のときは使小なり。(中略)
しかあるを、水をきわめ、そらをきわめてのち、水・そらをゆかんと擬する鳥魚あらんは、水にもそらにも、みちをうべからず、ところをうべからず。このところをうれば、この行李したがひて現成公案す。このみちをうれば、この行李したがひて現成公案なり。)

前半では、魚や鳥が、水中を泳ぎ空中を飛ぶに際し、その全体を把握しているものはおらず、それぞれに必要とする範囲を用いて泳ぎ、飛ぶという現実把握を示している。

これが、人の仏法理解とそれに伴う実践に喩えられていることは明白である。道元は、「全体を理解せずとも実践する」ことが必要だというのである。

しかし、本来、自己の理解の範囲だけの実践では、まったく不十分で未完成なものとなってしまう。それを「仏法の獲得」と位置づけるのが、中略以降となっている。

そこでは、水や空の全体を究めてから行動しようとすると、かえって「みち」も「ところ」も得ることができなくなるとする。際限のない水や空（仏法）の全体を把握してから行動を開始しようとすると、身動きが取れなくなると警告しているのである。

これは、『箭喩経《せんゆきょう》』（『大正蔵』第一巻・八〇四頁〜）に見える「毒矢の喩え」と同じ行動原理といえる。毒矢に射られた人が、助かるためには早く矢を抜かねばならぬのに、射られた経緯や矢を放った人、毒の種類を理解してから抜こうとしたことにより、手遅れになってしまったという喩えである。

ここに、「まず進まねばならない」という主張が成立する。「ただ用大のときは使大なり、要小のときは使小なり」という、自分自身のあり方の上で自らの歩みを選択する必要があるというのである。もちろん、それは「何でも良いからいまやりたいことをやる」ではなく、魚にとっては泳ぐこと、鳥にとっては飛ぶことという、自分自身の存在（命）を規定し証明する行為を、しかと選択し実践することが大前提となる。

引用文では、そのような選択による行動こそが「現成公案」であると結ばれる。

この具体的実践は、道元にとっては、それは「只管打坐」だったが、基本的に「坐禅」が中心となりつつ、日常生活の中で、それは各人によってつかみ取られるものであるといえよう。それが、「得一法通一法、遇一行修一行」なのである。

その「一法」「一行」をつかみ取ることが、いわば、道元の「身心脱落」ということになる。それが、じつは道元の、「悟り」の定義になっているのである。

6 「現成公案」巻における悟りの定義

「現成公案」巻において、「人が悟りを得る」ことについて次のように示されている。

人が悟りを得るのは、水に月〔の影〕が宿るようなものである。月は濡れないし、水も傷つくことはない。〔月は〕広く大きな光ではあるけれど、一尺・一寸の〔大きさの〕水に宿るし、月全体も、さらに全天さえも、〔小さな〕草の露にも、一滴の水にも宿る。悟りが人を傷つけないことは、月が水を穿たないことと同じである。人が悟りを邪魔しないことも、一滴の露が空や月を〔すべて映し出しながらも〕邪魔しないようなものである。

（人の、さとりをうる、水に月のやどるがごとし。月ぬれず、水やぶれず。ひろくおほきなるひかりにてあれど、尺寸の水にやどり、全月も弥天も、くさの露にもやどり、一滴の水にもやどる。さとりの、人をやぶらざること、月の、水をうがたざるがごとし。人の、さとりを罣礙《けいげ》せざること、滴露の、天月を罣礙せざるがごとし。）

このように、道元は、悟りを水に映る月に喩えている。そして、大海原でも、小さな水滴でも、すべてに月の全容が映っているように、すべての存在に平等に「悟り」が存在しているとするのである。

さらに、映っている月が、水を変質させるものではないように、悟りは人を破らず、人も悟りの邪魔をしないと、悟りを得ることが、悟る主体の本質を変化させるものではないことを示している。

さらにここで注目しなければならないのは、「悟り」を喩えているのは、「月」そのものではなく、水に映っているそれぞれの「月のひかり」だということである。

つまり、ここでいう「悟り」は、月のようにはるか彼方に浮かぶ唯一無二の存在ではなく、それぞれの「水（＝個別の存在）」の上に存在する「ひかり」に他ならないというのである。このように考えるからこそ、それぞれの存在がそれぞれに、「悟りという月のひかり」の全体を（大なり小なり）映し出すという、悟りの個別相の存在を示したものとなる。

つまりここでは、「悟りを得る」ということが、自分を、「悟り」という画一的なあり方に合わせて変化させるものではなく、本来的に、個々それぞれに「月のひかり」を持っていることに気づくことにあるという、禅の基本思想に忠実に則った定義がなされていることが分かる。

道元は、この定義の上に、悟りを獲得することについて論を展開するが、それは、極めて独特なものとなっている。それが次の一節である。

身と心（体中）に、仏法が満ちあふれていないときには、仏法が〔自分に〕足りていると思う。仏法が、もし体中に充足していたら、どこか足りないと感じるのである。たとえば、船に乗って陸地の見えない海原《うなばら》に出て四方を見ると、ただ丸く〔海だけが〕見える。それ以外の様相はまったく見えない。しかしながら、この大海原は丸いわけではなく、四角いものでもない。〔船から見える以外に〕残りの海の徳（はたらき）を尽くしているはずはないのである。

（身心に、法いまだ参飽せざるには、法すでにたれりとおぼゆ。法もし身心に充足すれば、ひとかたはたらずとおぼゆるなり。たとへば、船にのりて山なき海中にいでて四方をみるに、ただまろにのみみゆ。さらにことなる相、みゆることなし。しかあれど、この大海、まろなるにあらず、方なるにあらず、のこれる海徳、つくすべからざるなり。）

なんとここで道元は、「仏法が体中に充足していたら（悟りを得たら）、どこか足りないと感じる」と表現している。悟りを得たなら、そこに大きな満足感がありそうなものであるが、まったく逆だというのである。

これはなかなか理解しにくい表現であるが、その理由が、次に続く大海原を進む船の喩えで示されている。どのような船も、大海原に出たら水平線の向こうは見えない。ただ四方に丸く海が広がっているだけである。しかし、その向こうには、陸地がある。ただ丸いだけではなく、多くの「徳（はたらき）」が存在していて、それを一度に見渡すことはできない、というのがその喩えの趣旨である。

先ほどの魚と鳥の喩えでは、個々の置かれた状況の違いによって、「必要とする範囲」が変化することが示されていた。ここでは、必要ごとの使用範囲が、どのような状況であっても、けっして海の全体像、すなわち仏法の全体像を、〝一度に〟把握することができないものであることを示している。

では、この「水平線の向こうが見えない」ことが、どうして悟りなのであろうか。それは、「見えていないこと」を自分自身がしっかりと認識できているからだ、というのが道元の論理といえる。まず、「見える範囲」を把握していることが、「悟りを得る」ことの第一条件となっている。しかしそれに留まらず、「ひとかたはたらず」つまり、その先にさらに島や陸地が存在していること、そしてそれが自己の認識外にあることをしっかりと把握しているという条件を満たせば、それが「人のさとりをうる」状態であると認定するというものなのである。

このように考えれば、悟っても、その状態に満足し、そこに安住しようとする気持ちはまったくわき起こってこないはずである。むしろ、悟ったからこそ、さらにその先の「水平線の向こう」に対する認識へと自らを歩ませる働きへと繋がる。これが、先に述べた「只管」、実践をただ継続する状態ということになるのである。

7　不完全であることの認識――「修証」ということ

以上に見てきたように、『正法眼蔵』「現成公案」巻において、道元は「悟り」を、すべての存在に個々に備わる「月のひかり」に喩えて示していた。それは、ことさらにいまの自分を別の何かに変えるものではなく、それぞれの個々のあり方として「ひかり」を映し出すという、禅の伝統的な「悟り」解釈に則ったものであったといえる。

しかし、道元は、その「悟った状態」を、積極的に「実践の必要性」へと結びつけた。それが、不完全ながらも現実が真実を示している（現成公案）、とする現実把握であった。そしてその不完全さを、「ひとかたはたらず」と自らが自覚することこそが、「法の充足」だと定義しているのである。

これは一見すると、最終目標の放棄に見えるかもしれない。しかし、そのような消極的選択として道元の修証観は存在しない。むしろ、積極的に進み続けるモチベーションを維持することこそが、仏道修行の「最終目標」であるとしているのである。

道元が、何故このような複雑な修証観を展開しなければならなかったか、それはすでに序章でも触れた。中国禅が、「本来仏である」ことを主張するあまり、修行不能に陥ってしまったことを打破し、逆にそれを、「仏として生きる」ための行動原理として展開せしめるためだった。

これによって、道元禅は、魚と鳥の喩えにあったように、自らのあり方を示す「実践」を恒常的に続けることによって、自らが「仏であること」は、自らの選んだ実践を続けることによってのみ成立するという論理が構築される。序章において「ダイナモを回し続けることによって自らを輝かせるのが道元禅である」と表現したのは、この考えに基づいたものなのである。

また、この基本思想ゆえ、道元禅においては、「修行（修）」と「悟り（証）」を個別に立てることなく、常に「修証」と表記して、その一体性を表現するのである。

第六章

永平寺の運営

いままで論じてきたように、道元は、当時の日本仏教の各宗の教えに飽き足らずに禅の教えを学び、さらに中国に渡って、その教えと実践を学ぶことによって、本質的な自己把握と、その具体的な表現方法としての、坐禅を中心とした実践方法を確立した。それは、中国で育まれた禅の教えを根本では踏襲しながら、さらにその弊害や問題点を是正し、自らの進むべき方向、具体的な修行として表現するというものであった。

この章では、少し視点を転じ、禅を実践する場としての永平寺の運営機構について、道元がどのような構想をいだいていたのかについて見てゆくことにしたい。

結論を先取りすれば、それは、寺院の内部機構としては中国禅林において行われていた方式を踏襲しながら、経済基盤を含めた教団運営については、中世日本の寺院に特徴づけられる運営方式を導入するというものであった。つまり、思想面のみならず、叢林を運営してゆく制度の面においても、道元は、中国禅林の基本作法を取り入れながら、それを当時の日本の環境に合わせて展開することによって定着させてゆこうとしていたと考えられるのである。

以下では、『知事清規』の内容に基づきつつ、道元の目指した永平寺の運営形態について考えてゆくことにしたい。

1　道元の出家主義

すでに、著述の流れで見てきたとおり、道元は、越前に移ってから、大仏寺（後の永平寺）が完成するまでの間にも、修行道場の規則を撰述し、叢林運営の確立に努めた。そしてそれは、寛元二年（一二四四）、永平寺において示された『知事清規』によって体系化されたといえる。

従来の解釈としては、道元は永平寺という修行道場の確立とともに、興聖寺時代より行っていた在家者への布教活動を止め、出家修行者だけが成仏できるという出家至上主義へと転じたとされる。

確かに、道元晩年の著述とされる十二巻本『正法眼蔵』をはじめ、越前に移って後の説示には、出家修行を賛嘆し重視する内容が多く見られるようになる。

さらに、永平寺に入山後は、『正法眼蔵』に見られるような法語や不定期の示衆に代わり、定時の上堂（五参上堂）が説法の中心となっている。この上堂は、叢林修行の一環として、禅林の清規に則って実施されるものであり、それが中心となるということは、道元の説法が、多様な人々を対象とした、時宜に応じた形式から、出家修行者を対象としたものへと絞られていったことを示している。

このように、道元は永平寺に入山して後、在家者へ直接法要を説くことを停止し、上堂や僧堂規矩の撰述など、出家者集団を意識した弘法活動を展開したといえる。この観点からすれば、確かに道元の活動は「出家至上主義的」である。

しかし、永平寺の運営方式を、その一面のみで論じることはできない。なぜなら、叢林の運営は、そこに経済的援助を行う在家者の存在なくしては成立しえないからである。事実、永平寺においても、在家者との関係が完全に断ち切られてはおらず、布薩説戒や羅漢供養法会などの形式で、興聖寺時代と変わらぬ関係が維持されていたと思われる記録が散見される。

ただし、この傾向は、道元禅の思想や実践面を中心とした、『正法眼蔵』にはほとんど見受けられない。永平寺の運営に関する記述は、『永平広録』に収録される上堂や頌古、あるいは個別に撰述された叢林の規則類を詳細に吟味することによって、初めて見出すことの可能なものなのである。

このような理由から、これまでは、道元は教団運営への意識は希薄であったとされてきたのであるが、ここでは、『正法眼蔵』以外の著述に注目し、道元が、出家修道者集団と周辺の在家援助者とによって形成される、いわば永平寺コミュニティーを、どのような形で運営しようとしていたのかについて考えてみることにしたい。

2　永平寺教団の運営形態について

『知事清規』や『永平広録』によると、道元の意図した永平寺の運営システムの概略は、《図1》のようなものだったと推測できる。

この図を見ると、まず、永平寺が、朝廷や幕府の管理から独立して運営されていたことが分かる。

日本中世禅林の分類において、道元以降に永平寺を中心に形成された曹洞宗道元派は、いわゆる「林下」に分類されており、幕府の管轄外に位置づけられる。さらに朝廷との関係を見ても、道元の著作においては、永平寺の運営に対する政治的干渉はほとんど見受けられない。

それとは別に、永平寺に外護者としてコミットしているのが波多

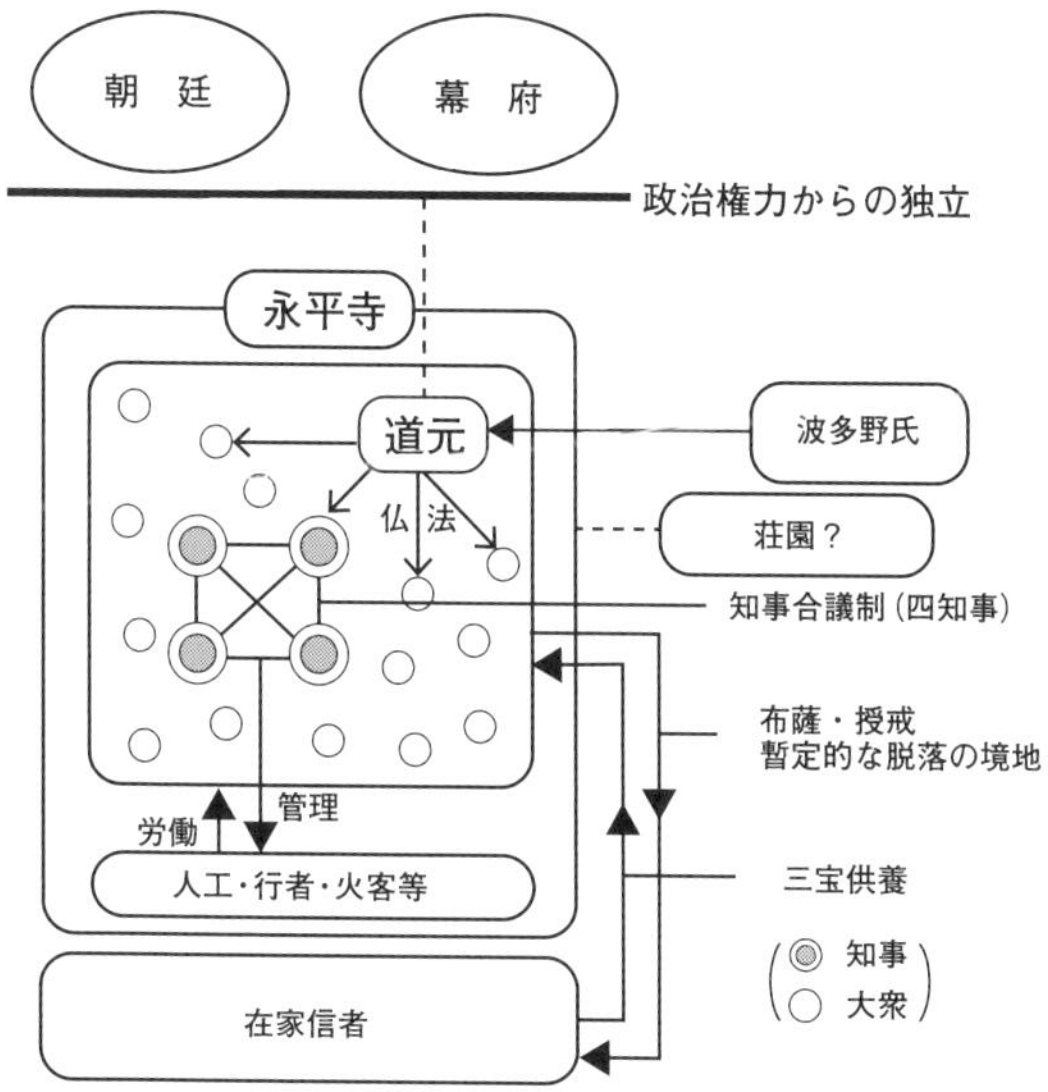

《図1》永平寺教団の運営機構（仮説）

野氏である。永平寺の建立や、さらに大蔵経の寄進など、教団の運営に関する援助の多くに波多野氏が関わっていた。よって、その外護者としての位置関係を、図の右上に配置することによって示した。

次に特徴的なのは、『知事清規』を見る限りにおいて、永平寺を運営する主体となる知事は、監院・維那・典座・直歳の四人からなる四知事制であり、その四人の合議による運営が目指されていたということである。それが、図中の◎の連結である。

道元が、永平寺の運営に知事間の積極的な合議を取り入れようとしていたことは、『知事清規』に散見されるが、その中で、最も端的に表現されているのが、「典座」の章に見える次の一節である。

『禅苑清規』に、「食材や朝食・昼食の品数を決めるには、すべて事前に庫院《くいん》の知事と相談しなさい」とある。典座は、自分だけの判断で行ってはならない。あらかじめ知事と相談しなくてはならない。何度も丁寧に話し合い、軽はずみにしてはならない。その他の知事も、自分の気持ちに任せて決定してはいけない。全体を考える心、仏道を志す心だけで相談せよ。

(『禅苑清規』に云く、「物料ならびに斎粥の味数を打せんには、みな予め先ず庫司知事と商量すべし」と。典座自意にまかせて行ずべからず。先ず予め知事と商議すべきなり。議定再三叮嚀にして、倉卒なるべからず。諸もろの知事、私意に任せて定むべからず。ただ公心・道心を専らにして商議せよ。）

＊　　＊　　＊

禅苑清規云、如打物料幷斎粥味数、幷預先与庫司知事商量。典座不可任自意而行。先預与知事可商議也。議定再三叮嚀、不可倉卒。諸知事不可任私意而定矣。但専公心・道心而商議矣。

これは、食事の献立を決定する手順を示した一説であるが、傍線部に見えるように、典座が、献立等を決めるに際し、自分一人で決定せず、他の知事と「相談」した上で行うべきことを要求している。さらにそれが、典座のみに留まらず、他の知事にも当てはまることが、傍線部の後半に見える。

これが、道元の意図した、「知事合議制」とでもいう仕組みの一例である。これが、永平寺においてことさらに強調されたものであることは、右の一節の中に見える『禅苑清規』からの引用文の内容を、原典に遡って吟味することにより、よりいっそう明らかとなる。それは次のようなものである。

食事を作るときは、必ず自分自身で確認し、清潔にしておかなければならない。もし、品物や食事の料理の献立などを決めるときは、すべてにおいて物品を管理する知事と相談しなさい。〔ただし〕調味料や、蔵に野菜を収納することなどは、すべて典座が専管して時期をはずさないようにしなければならない。

（造食の時、須らく親しく自ら照管して自然に精潔にすべし。もし物料ならびに斎粥の味数を打せんには、みな予め先ず庫司知事と商議すべし。醬醋・淹蔵収菜の類のごときは、すべてこれ典座専管して時を失うことを得ざれ。）

＊　＊　＊

造食之時、須親自照管自然精潔。如打物料並斎粥味数、並預先與庫司知事商量。如醬醋淹蔵収菜之類、並是典座専管、不得失時。（『卍続蔵』第百十一冊・四四六丁裏）

引用部の傍線部に明らかな通り、『禅苑清規』では、献立の数については、確かに知事間で「商議」すべきことが規定されているが、調味料や野菜の管理については、典座が「専管」すべきものとなっているのである。つまり、ここでは、叢林全体に関わるものと、典座が単独で決定できる事項が示され、段階的な差配が規定されているのである。それが、『知事清規』では、すべての事柄において知事間で「商議」すべきものへと変えられている。

このように、『禅苑清規』において、知事個人の裁量による「専管」が認められていた事項が、『知事清規』では、諸知事と「商議」すべきものとされている例は、「監院」の章にも見受けられる。まさにこの知事間合議制の推進こそが、中国禅林にはない永平寺独自の仕組みということになるであろう。

さらに興味深いのは、『知事清規』の文章全般において、住持人の存在が極めて希薄となっている印象を受けることである。これは、あくまでも『知事清規』が、知事の業務に関する規程であることにも由来するであろうが、それにしても、知事と住持との関連を示す記述がほとんど見られない。

これはつまり、住持を、あくまでも法を伝授する存在として位置づけ、寺院運営については、知事に任せるという役割分担を意図したものと考えられる。

中国の五山制度においては、知事は、住持によって任命されるのではなく、中央官庁から派遣される形式であった。永平寺は、時の政権からはまったく独立してはいたが、住持と知事との役割を明確に区分するという中国禅林の基本的な運営方式を取り入れているのである。そのような、伝統的な運営形態の上に、細部にわたるまで知事間の合議制を採る、という独自の運営方式が、永平寺では目指されていたと考えて良いであろう。

3 俗弟子・在家信者と永平寺

以上、永平寺の内部機構について考察したところで、ここでは、少し範囲を広げ、その永平寺の運営を支える在家者の位置づけについて見てゆくことにしたい。

すでに述べたとおり、永平寺入山後の道元の著述には、在家者を直接の対象とした記述は極端に少なくなる。しかし、視点を移すと、出家者に対して在家者への対応の仕方を説き示した記述をいくつか見出すことができる。つまり、相当数の在家者が永平寺と関係を持っていたと考えられるのである。

事実、叢林の運営には、どのような形にせよ、経済的な援助が必要であるという観点に立てば、永平寺を建立した波多野義重のみならず、周辺に居住する人々の存在を無視することはできない。その関係を示す資料から導き出したものが、《図1》（一四五頁）の下半分に示される関係なのである。

まず、永平寺と関係を持つ在家者は二種類に分類される。一つは、永平寺の内部にあって、僧侶の活動の補佐役として直接に作務などの叢林行持に携わる人々。これは、「人工」・「行者」あるいは「火客」と呼ばれる人々である。これらの人々は、修行道場運営の補佐役として伝統的に存在する。

そしてもう一方は、永平寺との結縁のために、授戒会や布薩などの行事に参加する「在家信者」である。もちろんこれらの人々は、永平寺周辺に居住して社会生活を営んでおり、叢林内に定住することはない。

これらのうち「人工・行者」については、『知事清規』中において、次のように示される。

○米を炊き、あつものを作るのに、人工や行者を使って火を焚かせなさい。

（飯を蒸し、羹を作るに、或いは行者を使い、或いは人工を使って、他をして火を燃《た》かしめよ。）

＊　＊　＊

蒸飯作羹、或使行者、或使人工、教他燃火。

○直歳は、諸知事とともに庫院に一緒に居る。しかし、直歳司に居て、人工の作業がうまくいっているかどうかを監督しなさい。

（直歳は諸知事とともに、斉しく庫院に在り。然れども、常に応に直歳司に在りて人工等の所作の成否を照顧すべし。）

＊　＊　＊

直歳与諸知事、斉在庫院。然而常応在直歳司、而照顧于人工等之所作成否。

すなわち、これらの人々は、はっきりと叢林機構の内部に位置し、かつ僧侶たちの補佐役として知事の管理下に置かれるものであることが明示されているのである。それゆえ《図1》では、これら人工・行者等は永平寺叢林の枠の内に配置してある。

もう一方の「在家信者」は、永平寺の周辺に居住しつつ、折々に、種々の形で永平寺と関係を持っていたであろう人々であるが、興聖寺時代も、これに類する人々は、不定期の参禅者という形で見受けられた。その代表者といえば、前章で紹介した『正法眼蔵』「現成公案」巻（天福元年（一二三三）記）を与えられた太宰府の楊光秀であろう。そのほか、『正法眼蔵』の在家の説示対象としては、「全機」巻（仁治三年（一二四二）示衆）の、「前雲州刺史幕下」（波多野義重の配下）が挙げられる。これらの人々は、法を説く対象であるとともに、僧団に布施をする「施主」としても重要な存在であった。

このように、興聖寺時代には、僧団と関係を持つ在家者は、仏法を説き示す対象として存在するとともに、「施主」すなわち僧団運営の経済的援助者という二通りの顔を持っていたものと考えられる。

しかるに、永平寺時代の撰述に目を移してみると、道元は、これら二通りの在家者の対応のうち、直接に仏法を説き示すことが、ほとんどなくなっている。在家者関連の記述は、先に指摘した、「出家者は、外護者としての在家者にどのように対応すればよいか」という記述のみが残されているのである。

これは、永平寺における在家者の位置づけが、直接に法を説いて実践を促す対象ではなく、授戒会や布薩などで寺院との結縁を行い、その母体となる寺院を経済的に援助することによって、安心を得る存在へと限定されていったことを示しているといえる。

では、それは具体的にどのように示されているのか。いまここに、『知事清規』から一例を示そう。

監院は、もしも人々が、大衆《だいしゅ》に食事の供養をしたいとか、伽藍を建立したいと希望する場面に遭遇したら、まず〔希望している〕檀信徒が正信を持っているかどうか、清らかであるかどうかを事細かに点検し、住持人に報告して商議しなさい。もし、清らかで信心深く、正しい見解を持っていると決定したなら、その希望を許可しなさい。もしそうでなければ許可してはいけない。いわゆる正信とは、〔祇園精舎を建てるのに全財産を抛《なげう》とうとした〕須達長者（スダッタ）の信心や、〔須達長者の思いに応えて自らの土地を譲り渡した〕祇陀太子（ジェータ）の仁義のようなもののことである。須達がまさしく須達であるのは、〔その行為が〕利益のためでなかったからである。祇陀太子が祇陀太子であるのは、まさしく清貧だったからである。〔二人は〕正信によって、〔祇園精舎を寄進することを〕釈尊に許されたのである。あるいは、生前には三宝に対する正信がなくとも、いまわの際に、ささやかな功徳を積んだならば、速やかに許される〔という例もある」。（引用省略）以上のようであるから、〔修行者〕は檀越施主を敬い尊び、慈しみの心をもって接するのは、釈尊より伝わる教勅なのである。小さな因であっても大きな果報を感得することのできるのは、ただ、〔仏法僧の〕三宝の福田だけなのである。

（監院、もし人天の、或いは衆に供せんと欲し、或いは起造せんと欲するに遇わば、先ず応に子細に檀那の正信不信・清浄不浄を撿点し、住持人に稟して倶に商量すべし。もし浄信と正見とを決定せば、すなわちこれを聴許せよ。未だ然らざれば許すこと莫れ。いわゆる正信とは、須達長者の信心、祇陀太子の仁義のごとき者これなり。須達の須達たるは、未だ大富のためにあらず。祇陀の祇陀たるは、実にこれ清貧なり。正信に依って如来の聴許を被るなり。或いは、生前に未だ三宝を信ぜずと雖も、命の終るに臨む時、小功徳を修せば、早やかに須らく聴許すべし。（『増一阿含経』第四〈『大正蔵』第二巻・五六四頁〉よりの引用省略）文。然らばすなわち檀越施主を恭敬し、檀越施主に慈心もてするは、既にこれ如来世尊の教勅なり。小因と雖も大果を感ずるは、唯だ三宝の福田のみ。）

＊　＊　＊

監院若遇人天或欲供衆、或欲起造、先応子細撿点于檀那之正信不信清浄不浄、稟住持人、而倶商量。若決定浄信之与正見、即聴許之。未然莫許。所謂正信者、如須達長者之信心、祇陀太子之仁義者是也。須達之為須達也、未為大富。祇陀之為祇陀也、実是清貧也。依正信而被如来聴許也。或生前雖未信三宝、臨命終時、修小功徳、早須聴許。(『増一阿含経』からの引用省略)然則恭敬於檀越施主、慈心於檀越施主、既是如来世尊之教勅也。雖小因感大果、唯三宝之福田而已。

この記述によれば、永平寺の運営において、在家者はそれを助ける存在として極めて重視されていたことが分かる。では、そのような経済的援助を行った人々は、どのような形で叢林の側から、「法の還元」を受けていたのであろうか。

その様相を垣間見せているのが、引用文中の破線部分である。

そこには、たとえ三宝に帰依しなかった者であったとしても、命終にあたって、いささかでも「功徳を積む」ことを希望した場合に、僧侶はそれを受け入れるべきことを規定する。ここでは、受け入れの可否についての決定権は、傍線部に示される通り完全に僧侶にあって、その意味では、明らかに帰依する側と、される側という役割分担と上下関係が示されているると考えられる。しかし、それが固定的・恒常的な関係を示すものではないことが、破線部に続く一節に明示されている。

まず、省略した『増一阿含経』(実際は『止観輔行伝弘決』巻四之三からの孫引き)からの引用部分であるが、これは、釈尊が祇園精舎において檀越施主を敬い尊ぶべきことを説いた因縁を示したものである。それによって施主は戒定慧を成立させ、三宝の中にあって何のさまたげもなく、多くを益することができるようになるとされている。

つまり、在家者は、施主として「供養する」という行為を行うと、それは、仏・法・僧の中にあって自在を得るという極めて高い境涯に至ることができるというのである。

この引用を受け、道元は、「檀越施主」は、いかにささやかな功徳であっても、それが因縁となって大いなる果を得るとし、それを全面的に支持している。そしてそれを可能にするのは、「三宝の福田」（三宝という大いなる福徳を生み育む存在）だけであると規定している。

以上のように、永平寺においては、在家者は、説法の対象としてではなく、はっきりと寺院を運営してゆく上での経済的基盤という位置のみを与えられていた。そして、それは、「三宝への供養」がそのままに「成仏の功徳」であるという、いわば、出家修道者とは別の、供養の「果」として「成道」に至る行為の定義がなされることによって正当化され、意義づけられていたものと考えられるのである。

それを図示したものが、《図1》において最下部の別枠で示した「在家信者」の部分である。すなわち、永平寺叢林への「供養」という上向きの矢印が存在し、それに対して「時間的に限定された脱落の境地（さとり）」が与えられるという下向きの矢印が存在する。そして、これらの人々は、出家を目的とするのではなく、あくまで叢林の周辺にいて、出家修行者を補佐する人々であった。図中では、そのような距離を示すため、在家信者と永平寺とを、あえて別枠にしたのである。

道元晩年の著述を分析すると、道元は永平寺において、以上のような機構を築き上げようとしていたものと想像されるのである。

4 中国五山・顕密仏教と永平寺

さて、かなり大摑みではあるが、永平寺の運営方式を概観してみたところで、次に、その運営形式の特徴を確認するために、中国五山および顕密仏教と呼ばれる日本の中世的な寺院機構と対比してみることにする。

道元が、自身の叢林を創設しようとしたとき、それがいかに独創的で理想的なものを目指していたにせよ、すでに確立していた機構をすべて無視してこれを進めることはできなかったであろう。そこに存在している社会性や思想性を完全に無視した機構の構築は、文化的・地域的基盤を持ちえないという意味において、まさしく砂上に城を築く行為となってしまうからである。

このような視点から、以下において、道元当時の中国・日本の五山禅林機構と永平寺の状況とを対比することにより、その独自性と類似性について考えてみることにしたい。

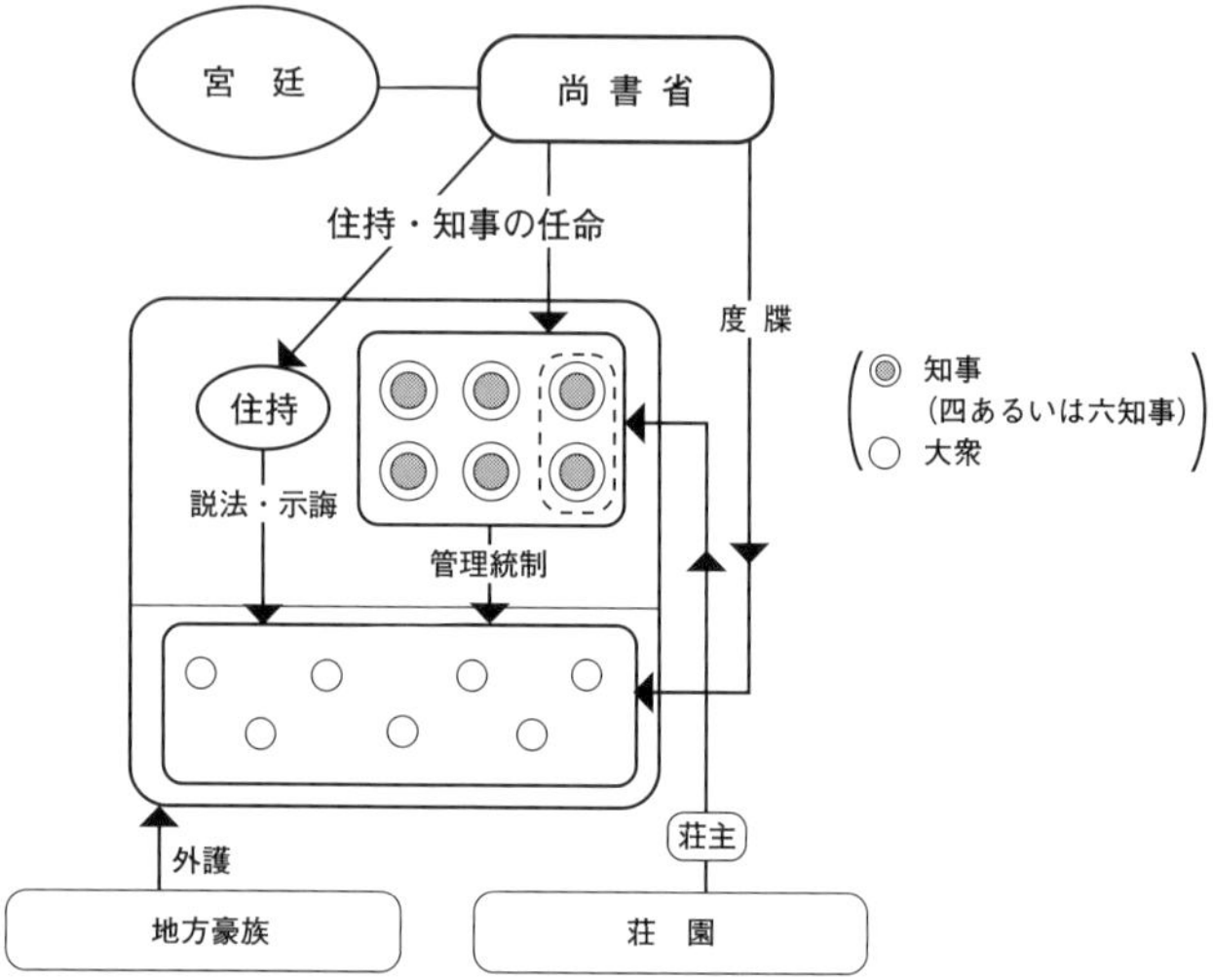

《図２》中国五山の運営機構略図

①中国禅林の運営機構と永平寺

まずここで、中国五山の運営機構と、日本中世の中心的叢林機構とされる顕密仏教を模式化して図示してみることにする。

《図２》の中国五山の運営機構略図は、高雄義堅氏『宋代仏教史の研究』（百華苑、一九七五年）を中心に、石井修道氏「中国の五山十刹制度について――大乗寺所蔵寺伝五山十刹図を中心として――」（『印度学仏教学研究』第三十一巻第一号、一九八二年）・永井政之氏「中国における国家と宗教――宋代禅宗寺院の経済を手がかりとして――」（『禅学研究』第六十五号、一九八六年）・石川重雄氏「宋代勅差住持制小考――高麗寺尚書省牒碑を手がかりに――」（『宋代史研究会研究報告集』第三集「宋代の政治と社会」、一九八八年）を加味して作成した。

五山制度とは、中国宋代に成立した政府の寺院管理体制で、政府が直接寺院の運営に関与する制度であり、その最上位の五カ寺を五山と称し、以下、十刹、諸山と列次が定められた。

この制度では、住持は自らの法を継ぐものを後継者にできず、政府が法系や門派を問わず有徳の禅者を選んで依頼する。それゆえ、住持としての法の継承はなされないのである。この住持任命のシステムを十方住持制と呼んでいる。これは、知事の任免にも適用される。

道元が留学していた中国宋代には、基本的に「度牒」（僧侶認定証）の発行や、官寺の住持および知事の任免が、中央官庁（尚書省）によって統制されていた。

各寺院の個々の管理運営は、まず、説法や布薩など、寺院の「法」の部分を司る住持と、寺院の財産管理や会計などの事務処理を行う知事が、それぞれに中央官庁によって選ばれ、派遣されていた。住持と知事とは、並列の関係にあり、それぞれに寺院の法の管理、財政の管理のために役所から任命された管理者としての性格を持ち合わせた存在ということになろう。

道元の師である如浄でさえも、道元にとっては、枯淡な宗風を持つ理想的な存在とはされていたが、天童山入院《じゅえん》の背景に、多くの政治的人物との繋がりの存在したことが明らかとなっている。

これを永平寺と比較したとき、住持と知事との関係は、この《図2》に示される状況が、永平寺においてもそのままに維持されていることが分かる。知事は特に、一定の任期制を採用しているという点でも、永平寺は、内部機構として、この中国の機構をかなり忠実に移植したものとなっている。

ただし、役職者の任免権については、大きく相違している。たとえば永平寺住持の任免について、幕府や朝廷が関与した形跡はまったく見られない。

さらにその延長として、知事と一般の修行僧（大衆）との関係の上での相違点も導かれることになろう。すなわち、『知事清規』等の永平寺における規矩には、知事の合議制が謳われていた。これは、知事が、管理者としてではなく、むしろ寺院・叢林運営のための代表者という性格を強く有していたことを示すものと考えられるのである。

この相違を示したものが、《図1》（一四五頁）における知事と大衆との混在であり、《図2》の中国五山における知事と大衆との線引きによる区別である。

以上のように見れば、道元の意図した永平寺叢林は、中国禅林の役職制度を継承しつつ、中央権力からは独立したシステムとして構築されていたものと考えられるのである。

②顕密仏教と永平寺教団

政治権力からの独立という観点からすれば、当時の日本にも、日本独自の権門化した寺院機構が存在したとされる。それが、黒田俊雄氏『日本中世の国家と宗教』（岩波書店、一九七五年）によって提唱された「顕密体制」という概念である。黒田氏は、中世社会において、政治的・経済的に中央政権と同様の内部機構を持ち、権門化した寺社勢力を「顕密体制」と名づけ、それを中世的な寺院機構であるとした。

この理論は、それ以降、中世仏教を定義する一つの拠り所となった。平雅行氏は、『日本中世の社会と仏教』（塙書房、一九九二年）において、この理論に基づきつつ、中世仏教機構の民衆統制の様相を具体的に示した。そして、従来、中世的な仏教とされていた道元を含む鎌倉時代の新仏教勢力を、顕密仏教に対する「異端」と位置づけたのである。

これらの一連の論考に基づけば、道元当時の永平寺は当然「異端」に分類される。しかし、道元の著述を詳細に見たとき、叢林組織の独立性や、外護者や在家信者との関係については、むしろ、不完全ながらも日本独自の「顕密仏教」の手法を採用していたと考えられるのである。

平氏前掲書に示される顕密仏教の機構を図示すると、それは《図3》のようなものになる。

まず、顕密仏教は、基本的に当時の貴族社会の階級制度をそのまま内部に保持している。もちろん、僧団内に出家前の世俗の階級制度を反映させることは、永平寺ではまったく行われていない。しかし、中央権力から独立した機構を樹立させようとしていたという点については、「顕密的」様相を示していたといえるのである。

さらに、顕密仏教と永平寺とのいま一つの類似点を指摘するとすれば、それは経済的基盤としての在家者の位置づけである。

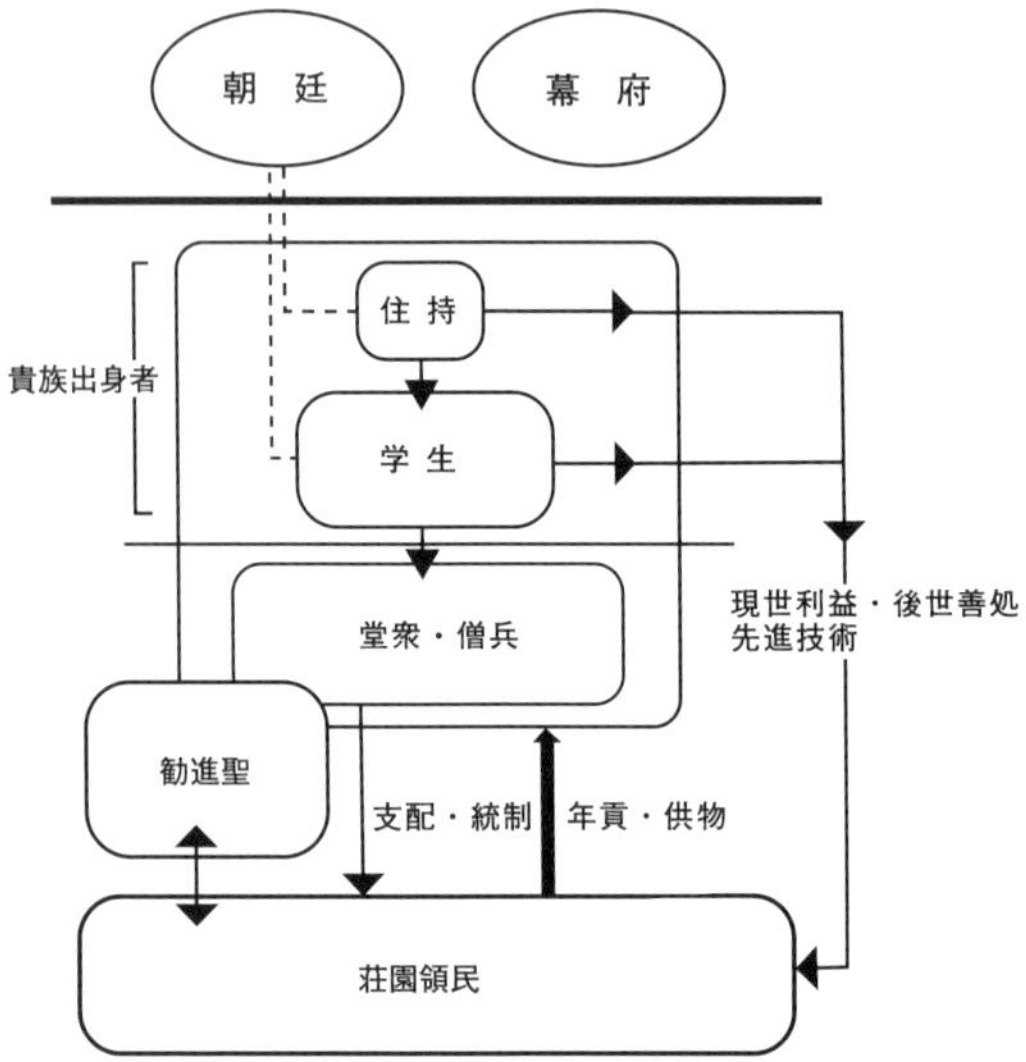

《図3》顕密仏教の機構略図

永平寺においては、叢林と縁を結ぶ在俗の信者や周辺の人々は、授戒などの行事に参加しつつ、叢林内部に身を置くことなく、「施主」として「供養」を行うこと、すなわち寺院の運営を経済的に援助することによって叢林と縁を結び、「功徳」を得るという関係にあったであろうことはすでに指摘したところである。

これはつまり、僧侶と施主との間に、相互に「供養」と「功徳」の授受が行われることを意味する。

永平寺において厳しい規矩の下で

恒常的に修行を行っている僧侶は、それゆえにある種の「権威」として機能していたのである。そしてその拠り所が、大陸の最も新しい叢林機構に基づいた宗教的実践、すなわち坐禅修行であった。

このような、供養の実践と、それに対する功徳の還元という関係は、まさに《図3》の下半分の関係、寺院が荘園領民を支配する構造と極めて類似した様相を示しているのである。

もちろん、道元のそれは、けっして在家信者を「支配」する性格のものではなかった。あくまでも施主の自発的な結縁を受け入れる形で、供養が成立していたものと考えられる。その意味で、これを「顕密仏教的」と評価することは、誤解を招く恐れのあることを充分に承知している。しかし、永平寺が、日本の風土において、中央権力から独立した形で運営維持されるには、結果的に、日本において醸成された運営形式を採用せざるを得なかったと考えられる。それが、不完全ながらも、「顕密仏教」の寺院運営の方式と極めて類似したものとなるのは自然の成り行きであったといえるであろう。

5　むすび

以上、永平寺における著述を中心に、道元が永平寺においてどのような機構を構築しようとしていたのかということについて若干の考察を進めてきた。従来、道元は、在家信者を含めた新しい教団組織を形成する意図は希薄だったとされてきた。しかし、道元の著述を詳細に見ると、そこには、数少ないながらも、自身の教え、「正伝の仏法」を維持存続させるための母体としての叢林機構を確立しようという意図は明確に示されていることが分かるのである。

それは、内部機構としては中国宋代に確立した五山禅林の機構を採用することによって、集団での厳しい修行の継続的実践を可能とし、外護者や在家信者との結びつきについては、中世日本で確立された手法を採用するものであった。

ただし、その教団形成の求心力となったのは、けっして僧侶の権威的権力的な示威行動ではなく、「厳しき修行」に基づく「中国伝来の新しい仏教」である坐禅の実践であったことを再度確認しておきたい。

じつに、この教団システムを受け継ぎつつ、それを、確固たる教団として成立せしめたのが瑩山紹瑾（一二六四（一説に一二六八）―一三二五）であった。そこには、在家信者の要望に合わせた密教的祈禱の導入が多大に貢献しているとされるが、僧侶の側に、それらの祈禱を有効なものと思わせるに足る充分な裏づけが存在しなければ、人を惹き付けるに足る儀式とはならない。じつにその基盤となるものが、清規に基づいた厳格な修道生活であり、坐禅の実践だったのである。

終章

道元禅の読み方

本書においては、道元の教えのいくつかの様相について、中国禅を受け入れ継承した部分と、それを独自に改変し、展開した部分とに分けて見てきた。

このような手法を採用したのは、筆者の道元へのアプローチが、鏡島元隆氏によって提唱された、道元の著述を読解するにあたって、引用されている経典や禅籍を原典に遡って精査することによって道元の引用意図を明確化しようという、いわゆる「鏡島宗学」と呼ばれる方法論に依っていることによる。

それに加え、今世紀に入って飛躍的に進捗してきた中国禅思想史研究の方法論へ、いくばくかでも対応しようとしたことも理由の一つである。それは、テキストの、「それが話されたときの意味」を掘り下げ、そこに存在する「生きた文脈」を探ろうとする試みから始まった。その進捗の過程で、現在、唐代の「話頭」の禅と宋代の「公案」の禅の相違が明確化され、同じ逸話や問答についても、中国においてさえ、時代によってその解釈に変化が生じていることが指摘されているのである。

本書では、その「時代的展開」の最後に道元禅を置く、という考え方を採用してみた。かといって、これはけっして、いままでに論じられてきた道元研究の方法論を否定し、新たな視座を構築するということではない。結果的にではあるが、むしろ、いままでの方法論によって確認し確立されてきた道元禅の特徴を、別角度から再確認し、明確化する結果となっている。

本書の目的は、まさにその、「明確化」にあった。これまでの「曹洞宗学」という枠組みの中で醸成された成果は、歴史的に大きな存在ではあるものの、仏教学という全体的視野をもって相対化し難い面を持つ。それを、「曹洞宗学」という枠組みを守りつつ、新たな手法を導入することによって、仏教学あるいは禅学の中に再置すれば、それは、より大きな説得力を持つものとなるであろう。

ここでは、今後、道元の著述に直接触れていただくための手がかりの一つとして、そのような、中国唐代の禅、宋代の禅、そして道元禅という三段階の展開を示す、『正法眼蔵』「家《か》常《じょう》」巻を例にとって、本文解釈の手法を紹介することで本書の結びとしたい。

1 『正法眼蔵』「家常」巻

「家常」巻は、「おほよそ仏祖の屋裏には、茶飯これ家常なり、この茶飯の義、ひさしくつたはれて、而今の現成なり、このゆえに仏祖茶飯の活計きたれるなり」で書き出され、「しかあれば、仏祖の家常は喫茶喫飯のみなり」で結ばれている。巻全体の趣旨は、結びの句にもあるとおり、仏祖の「家常（日常のあり方）」が、「喫茶喫飯（茶を飲み食事をすること）」であると規定するものである。

その背景には、日常生活全般を仏道修行と定義する、禅独自の修行観が存在しているのであるが、それをさらに、食べる、飲むという生きるための基本的な営みへと収斂させているのである。もちろんこれは、道元独自の強調ということができる。
巻の内容は、これを、中国禅宗祖師の言葉を引用して定義づけてゆくものとなっているが、その中の一つが次の問答となっている。

先師如浄古仏が衆に示して言われた、〈私が〉覚えていることだが、僧が百丈懐海に「すばらしいこととは何でしょうか」と質問したら、百丈は、「私がこの山の主人として居ることだ」と答えた。みんなぐらついてはいかん。まあ、こいつ（百丈）には坐らせておけば良いのだ。いまここでもし誰かが、私に、「すばらしいこととは何でしょうか」と質問したら、私はただ彼に言おう、「とてもすばらしいことがある」と。結局それは何かというと、浄慈寺で私が使っていた鉢盂《ほう》（応量器）が、天童山に移って食事をすることなのだ。

（先師古仏、衆に示して曰く、記得す、僧、百丈に問う、如何なるか是れ奇特の事。百丈曰く、独坐大雄峰。大衆、動著することを得ず、且く者《こ》の漢を坐殺せしむ。今日、忽《も》し人有りて、浄上座に、如何なるか是れ奇特の事と問わば、只だ他に向かって道《い》わん、甚だ奇特の事有り。畢竟如何、浄慈の鉢盂、天童に移過して飯を喫す。）

＊　＊　＊

先師古仏示衆曰、記得僧問百丈、如何是奇特事、百丈曰、独坐大雄峰。大衆不得動著、且教坐殺者漢。今日忽有人、問浄上座如何是奇特事、只向他道、有甚奇特事。畢竟如何、浄慈鉢盂、移過天童喫飯。

この一節は『如浄録』からの引用となっているが、傍線部が、百丈懐海と僧の問答であり、それ以降が、この問答に対する如浄の言葉となっている。この後に、さらに道元の解説が付加されているので、この部分は、唐代の問答があり、その原初的意味に対して、南宋代の如浄が意味づけを加え、それを最後に道元が「喫茶喫飯」の重要性を示したものとして解説を付すという三段階の構成となっている。

では、ここで禅思想史上における道元禅の特徴を明確化するという意図の下、この三段階の構成の中で、道元が、どの部分を強調し、どの部分を転換したのか、という観点から、この段を読み進めてみることにしたい。

2 百丈の意図

まず、百丈と僧との問答であるが、これは、最も良く知られる公案集である『碧巌録《へきがんろく》』(第二十六則)にも採録されている。そこでは、傍線部の内容に、さらに僧が礼拝をし、百丈がそれを打つ、という逸話が加わっている。

では、この問答は、何を言わんとしているのであろうか。

質問した僧は、「仏法のすばらしいこと（＝真理の当体）」を問うた。それは本来、自分で見出すものであって、他者に問うものではないのだが、百丈は親切に、「私がいまここに居ること」と答える。これは、自己自身の存在位置を明確化することが「奇特の事」であることを示そうとしたものと考えられる。質問した僧は、礼拝するが、それが、「大きなお寺をとりしきること」と勘違いしていると見て取った百丈が、それを打ち据えた、という流れが想定できる。

それに対し如浄は、その問答を引用しつつ、「奇特の事」に関して自分なりの表現を試みる。それが、百丈の「独坐」を意識しつつ、

「浄慈寺から天童山（景徳寺）に移っても、同じ応量器で食事をすること」と、居場所を移しながらも、同じように食事をする、同じ修行を行うことが「奇特」であるとしている。これは、百丈の「独坐大雄峰」を、一つの修行道場にあることを自己の仏法であると表現したものと解し、それに対して、「それだけではない、別の寺院に移っても同じ修行をすることが貴い」と、意味的展開を示したことになる。

3 如浄の立場

これにはさらに、如浄の言葉の背景に、当時の五山制度が存在していることにも注意を払わなければならない。浄慈寺も、天童山も、ともに五山に列せられる官寺であり、すでに第

六章で解説したように如浄が住持地を代わるのは、当時の制度からすれば、中央官庁からの委嘱であって自らの意志ではない。かといって、如浄の言葉自体に政治的配慮を読み取る必要はないであろうが、そのように他律的に転院しなければならない状況にあるからこそ、どこでも「同じ食事をする」ことが、「奇特の事」として強く響くことになるのである。

4　道元の主張

以上の両者の言葉に対して、道元は以下のように説き示す。

仏祖の日常のあり方（家常）には、必ず「すばらしいこと」がある。それはつまり「私がこの山の主人として居る」〔という百丈の発言〕である。いま〔如浄の〕この者を坐らせておけ〔という発言〕にあったとしても、それでも「すばらしいこと」なのである。〔しかし〕それよりもすばらしいことがある。それは、「浄慈寺で私が使っていた鉢盂が天童山に移って食事をする」〔という如浄の言葉〕である。「すばらしいこと」は、そのひとつひとつの様相が、すべて「食事をする」ことになるのである。そうであれば、「私がこの山の主人として居る」ということは、「食事をする」ことなのである。

（仏祖の家裏にかならす奇特事あり、いはゆる独坐大雄峰なり、いま坐殺者漢せしむるにあふとも、なほこれ奇特事なり、さらにかれよりも奇持なるあり、いはゆる浄慈鉢盂、移過天童喫飯なり、奇特事は、条条面面みな喫飯なり。しかあれば独坐大雄峰、すなはちこれ喫飯なり。）

ここでは、両者が讃えられつつも、百丈の「独坐大雄峰」も奇特ながら、如浄の発言が、より「奇特の事」であるとされている。そしてそれを、あらゆる状況における「喫飯」なのだと展開させている。当然ここには、五山制度に対する意識は存在しない。この巻の執筆された状況について見れば、京都から越前へと下り、禅師峰において永平寺の完成を待つ状況にあった。その状況を、如浄の転院に重ね合わせ、仮住まいをしている現状と、第六章においても触れたような永平寺の組織作りに向けて、「喫茶喫飯」、すなわち食事作法に象徴される「日常底」の重要性を示したものと考えられよう。

以上のように見ると、百丈の「個の尊厳性」、五山の住持任命制度を背景とした如浄の「一貫した生活態度」、それを先師の発言を立てつつ、百丈の「独坐大雄峰」をも「喫飯」と定義することによって、全体的に一つの「叢林生活の顕彰」へと結びつけたのが道元であるといえよう。

このように、道元は、各祖師の言葉を用いつつ、じつは、その意味を微妙に転換させながら自らの主張を導く根拠として用いていることが明確となるのである。

5　むすびにかえて

以上、『正法眼蔵』「家常」巻の引用を例にとって、時代ごとの中国禅の話頭や公案の解釈と、その延長上にある道元による位置づけの一例を示してみた。これは、中国禅の知識があって初めて可能となる読解方法ではあるが、道元禅の本質を理解するにあたって、原典に直接触れることが重要となる。

とはいえ、『正法眼蔵』は、極めて難解である。それを読み解くにあたって、道しるべとして、自分なりのスタンスを構築しておくことが肝要といえる。もちろん、あまりにそれに頼りすぎると、すべての解釈が自分本位になりすぎる危険性をはらんでいる。それゆえ、その道しるべを、なるべく相対化するために、いまここで紹介したような読み方を試みていただければと思う。

これは、ある意味では、筆者自身が道元禅と向き合ってきた歴史ともいえる。本書によって、いくばくかの方々が、道元禅への道すじを見出していただくことができたとすれば、これに過ぎたる幸いはない。

（平成二十六年八月十八日）

おわりに

道元の伝記や思想を解説するにあたり、本書は、道元の思想について、初歩の向き合い方の解説から入り、順次、思想的特徴や叢林機構など、少し難しい内容へと進む形とした。これは、道元禅の何たるかを理解していただくための工夫であったが、さらに最終章では、読者自身が、『正法眼蔵』などの難解な思想書に直接アプローチするためのノウハウを、近年の新たな視点を盛り込みながら提供させていただいた。これによって、本書を読まれた方が、それらの難解さに怖《お》じることなく、真正面から道元禅に向き合うことができるようになっていただければと考えている。

この「新たな視点」とは、道元禅を、それが立脚する中国南宋代の禅の単純移植とせず、また徹底的改革と見なすこともなく、道元が直接見聞した南宋代の禅と、それを日本に持ち帰って定着させるための「改変部分」とを明確にし、その結果から、道元の意図と思想的特徴を見出してゆこうというものなのである。この姿勢は、じつは、冒頭において触れた、本書に一貫するコンセプトであった。

禅は、師から弟子へと教えが正しく受け継がれることを重視する。それは、経典という確定的な拠り所を持たないがゆえに、より強固に主張されることになる。

しかし、その反面、確定的な「基準」を持たないがゆえに、その表現形式は、極めて多様で柔軟なものとなってゆくという一面も持つ。この背反する二つの要素が、それぞれの祖師の生きた時代や社会背景の中で複雑に絡み合って出来上がるのが、各祖師の「宗風」なのである。

じつは、このような柔軟性と多様性とが相俟《あいま》って構築された禅の教えは、それゆえに、いま、世界的に大きく注目されてきている。

その典型が、アップル社を創業したスティーブ・ジョブズ氏であったといえよう。彼は、第五章で触れたように、自らの才能を、道元の只管打坐の教えに基づいて把握し整理することによって、自らの歩むべき道すじを見出していった。そしてそれは、ユーザーを思う心へと展開し、事業を花開かせる原動力となったのである。

全米プロバスケットボール協会（ＮＢＡ）のフィル・ジャクソン監督も、指導に禅の教えを取り入れていることで知られる。攻守のバランスを意識したその指導方法は、時に禅問答における師と弟子の対峙を彷彿とさせる。じつに彼のあだ名は、“Zen Master”（禅師さま）なのである。

多様化し、国際化する社会にあって、自己の拠り所を明確に表現できること、自己のアイデンティティーを確立することは、極めて重要である。むしろ、それを語りえなければ、グローバル社会において自分の身の置き所を見出すことが至難となっているということもできよう。

道元は、鎌倉時代に中国禅を学び、それを咀嚼しながら社会へと定着させていった。それがいま、人々が、自らを見出しながら、他者と心を繋ぐ教えとして世界に展開している。

本書が、道元の歩みを学び、そこから自分を発展させ表現してゆこうとしている方々への一助となることを願ってやまない。

最後に、本書の編集に多大なる御助力・御助言をいただいた佼成出版社編集部の大室英暁氏、原稿チェックと校正をお手伝いいただいた、駒澤大学大学院の西澤まゆみ氏および同大学院修了の眞如晃人氏に、記して感謝申し上げたい。

平成二十七年　啓蟄の日に記す

石井清純

道元事蹟一覧(帰国以降)

年代	『正法眼蔵』示衆巻数	『永平広録』上堂回数	その他の著述	事蹟	備考
寛喜三(一二三一)	○	○	八、弁道話	七、了然尼に法語を与う	
貞永元(一二三二)	○	○			
天福元(一二三三)	二	○	七、普勧坐禅儀	春 興聖寺開創(正覚尼)	八、現成公案
文暦元(一二三四)	○	○	三、学道用心集	冬 野助光入室、翌夏 再入室	冬」
嘉禎元(一二三五)	○	○		十二、僧堂勧進疏	
同二(一二三六)	○	三一		十、興聖寺開堂(弘誓院藤原教家) 十二、懐奘に秉払せしむ	『正法眼蔵随聞記』の筆録
同三(一二三七)	○		春 典座教訓 四、得度略作法		
暦仁元(一二三八)	一				十一」
延応元(一二三九)	三		四、重雲堂式		十、「洗面」初示
仁治元(一二四〇)	八			十二、慧雲を直歳に充つ	
同二(一二四一)	一一	四八 (四九)		春 達磨宗徒の帰投 冬 慧雲に法語を与う	十一、「神通」示衆
同三(一二四二)	一七	二六		夏 顕慧に法語を与う 八、『如浄録』到る 十二、「全機」波多野氏邸で示衆	
寛元元(一二四三)	五	二二 (二一)		七、入越 吉峰寺へ(波多野義重)	一・十八「行持」書写終了

	二一	○		十一、吉峰寺より禅師峰へ	十、「洗面」二示
同二（一二四四）	一二	○	三、対大己法 冬 堂内での相見の掟を定む	四、大仏寺上棟 七・十八 開堂供養 九、法堂完成 十一、僧堂上棟 冬 義介を典座に充つ	
同三（一二四五）	五	一五	弁道法	五、波多野広長に法語を与う	
同四（一二四六）	一	七四	六、知事清規 八、示庫院文 この頃「赴粥飯法」 「永平寺告知事文」撰か	六、大仏寺を永平寺に改む	九、「出家」示衆
宝治元（一二四七）	○	三五	春 立春大吉文	一・十五 布薩に霊瑞現る 夏 義介を監寺に充つ 八、鎌倉行化	
同二（一二四八）	○	五二	十二、永平寺庫院制規	三・十三 永平寺帰山 夏 生蓮房の妻、細布を寄進	
建長元（一二四九）	○	五八	一、衆寮箴規 十、永平寺住侶制規	一、羅漢供養法会	九、不離吉祥山示衆
同二（一二五〇）	一	五二		春 大蔵経安置の書状到る	一、「洗面」三示
同三（一二五一）	○	六八		霊山院にて花山院入道と法談	
同四（一二五二）	○	五一			
同五（一二五三）	一	○		八・三 義介に八斎戒の印板を与う 八・二十八 俗弟子覚念の館にて示寂	一・六「八大人覚」書

石井清純著『禅問答入門』（角川選書、二〇一〇年）
石井清純監修・角田泰隆編『禅と林檎——スティーブ・ジョブズという生き方——』（ミヤオビパブリッシング、二〇一二年）
石井修道著「中国の五山十刹制度について——大乗寺所蔵寺伝五山十刹図を中心として——」（『印度学仏教学研究』第三十一巻第一号、一九八二年）
石井修道著『中国禅宗史話——真字『正法眼蔵』に学ぶ——』（禅文化研究所、一九八八年）
石井修道著『正法眼蔵行持に学ぶ』（禅文化研究所、二〇〇七年）
石川重雄著「宋代勅差住持制小考——高麗寺尚書省牒碑を手がかりに——」（『宋代史研究会研究報告集』第三集「宋代の政治と社会」、一九八八年）
伊吹敦著『禅の歴史』（法蔵館、二〇〇一年）
入矢義高編『馬祖の語録』（禅文化研究所、一九八四年）
岡部和雄・田中良昭編『中国仏教研究入門』（大蔵出版、二〇〇六年）
小川隆著『語録のことば——唐代の禅——』（禅文化研究所、二〇〇七年）
小川隆著『続・語録のことば——『碧巌録』と宋代の禅——』（禅文化研究所、二〇一〇年）
小川隆著『語録の思想史——中国禅の研究——』（岩波書店、二〇一一年）
鏡島元隆著『道元禅師と引用経典・語録の研究』（木耳社、一九六五年）
鏡島元隆・玉城康四郎編『講座 道元』全七冊（春秋社、一九七九〜一九八一年）
鏡島元隆監修『原文対照現代語訳 道元禅師全集』全十七巻（春秋社、一九九九〜二〇一三年）
鏡島元隆監修『道元引用語録の研究』（春秋社、二〇〇六年）
黒田俊雄著『日本中世の国家と宗教』（岩波書店、一九七五年）
鈴木俊隆著・松永太郎訳『禅マインド　ビギナーズ・マインド』（サンガ新書、二〇一二年）
平雅行著『日本中世の社会と仏教』（塙書房、一九九二年）
高雄義堅著『宋代仏教史の研究』（百華苑、一九七五年）
高崎直道著『古仏のまねび〈道元〉』（角川書店、一九六九年。一九九七年、角川ソフィア文庫）
竹貫元勝著『日本禅宗史』（大蔵出版、一九八九年）

角田泰隆著『道元入門』（角川ソフィア文庫、二〇一二年）
永井政之著「中国における国家と宗教——宋代禅宗寺院の経済を手がかりとして——」（『禅学研究』第六十五号、一九八六年）
長尾雅人・柳田聖山・梶山雄一監修『大乗仏典 中国・日本篇』第十一～十三巻〈中国の禅〉、第二十・二十三・二十六・二十七巻〈日本の禅〉（中央公論社、一九八七～一九九五年）
船岡誠著『道元——道は無窮なり——』（ミネルヴァ書房、二〇一四年）
山折哲雄著『道元（センチュリーブックス　人と思想42）』（清水書院、二〇〇〇年）
頼住光子著『道元の思想——大乗仏教の真髄を読み解く——』（ＮＨＫ出版、二〇一一年）
Bodiford, William M. *Soto Zen in Medieval Japan*. University of Hawaii Press, 1993.
Heine, Steven, ed. *Dogen: Textual and Historical Studies*. Oxford University Press, 2012.
McRae, John R. *Seeing through Zen: Encounter, Transformation, and Genealogy in Chinese Chan Buddhism*. University of California Press, 2003.
Suzuki, Shunryu. *Zen Mind, Beginner's Mind: Informal Talks on Zen Meditation and Practice*. Weatherhill, 1970, reprinted by Shambhala, 2011.

石井清純……いしい・きよずみ
一九五八年（昭和三十三年）、東京都に生まれる。駒澤大学大学院人文科学研究科仏教学専攻博士後期課程満期退学。専攻は禅思想・道元思想。曹洞宗宗学研究所研究員、駒澤大学仏教学部助手、スタンフォード大学客員研究員、駒澤大学学長などを経て現在、駒澤大学仏教学部教授を務める。単著に『禅問答入門』（角川選書）、監修に『禅と林檎――スティーブ・ジョブズという生き方』（ミヤオビパブリッシング）など、訳註に『原文対照現代語訳　道元禅師全集第十七巻――法語・歌頌等』（春秋社）などがあるほか、論文に「道元禅師における「古鏡」について」『三論教学と仏教諸思想――平井俊榮博士古稀記念論集』（春秋社）などのほか多数ある。

構築された仏教思想
道元――仏であるがゆえに坐す

二〇一六年一月十五日　初版第一刷発行

著者　石井清純
発行者　水野博文
発行所　株式会社佼成出版社
〒一六六―八五三五　東京都杉並区和田二―七―一
電話　〇三―五三八五―二三一七（編集）
〇三―五三八五―二三二三（販売）
URL　http://www.kosei-shuppan.co.jp/

印刷所　大日本印刷株式会社
製本所　大日本印刷株式会社

ISBN978-4-333-02727-9　C0315

構築された仏教思想

信仰から論理へ——。
言語化され
有機化された仏教思想。
そのシステムの全貌と本質を
ラディカルに問い直す。
仏教学の新たな地平を
切り拓く刺戟的な試み。

ゴータマ・ブッダ
縁起という「苦の消滅システム」の源泉
並川孝儀

龍樹
あるように見えても「空」という
石飛道子

法蔵
「一即一切」という法界縁起
吉津宜英

親鸞
救済原理としての絶対他力
釈 徹宗

道元
仏であるがゆえに坐す
石井清純